浙江省哲学社会科学规划课题研究成果（课题编号：21NDQN303YB）

浙江金融职业学院电子商务与新消费研究院研究成果

知识网络视域下顾客参与
企业创新演化的实验研究

桑　滨　著

中国财经出版传媒集团

经济科学出版社

Economic Science Press

图书在版编目（CIP）数据

知识网络视域下顾客参与企业创新演化的实验研究/
桑滨著．——北京：经济科学出版社，2023.2
ISBN 978-7-5218-4457-3

Ⅰ.①知…　Ⅱ.①桑…　Ⅲ.①顾客-影响-企业创新
-研究　Ⅳ.①F273.1

中国国家版本馆 CIP 数据核字（2023）第 014009 号

责任编辑：赵泽蓬　罗　苟
责任校对：李　建
责任印制：邱　天

知识网络视域下顾客参与企业创新演化的实验研究

桑　滨　著

经济科学出版社出版、发行　新华书店经销

社址：北京市海淀区阜成路甲 28 号　邮编：100142

总编部电话：010-88191217　发行部电话：010-88191522

网址：www. esp. com. cn

电子邮箱：esp@ esp. com. cn

天猫网店：经济科学出版社旗舰店

网址：http://jjkxcbs. tmall. com

固安华明印业有限公司印装

710×1000　16 开　15 印张　260000 字

2023 年 4 月第 1 版　2023 年 4 月第 1 次印刷

ISBN 978-7-5218-4457-3　定价：68.00 元

（图书出现印装问题，本社负责调换。电话：010-88191510）

（版权所有　侵权必究　打击盗版　举报热线：010-88191661

QQ：2242791300　营销中心电话：010-88191537

电子邮箱：dbts@ esp. com. cn）

前 言
PREFACE

　　随着全球竞争日益激烈，创新已成为企业获取并保持核心竞争力和可持续增长的关键因素。但是，创新不仅仅是由单个企业独立完成的，而且是可以包括顾客、供应商、其他社会组织等在内多个利益相关者的协同工作。作为产品和服务的最终用户，顾客拥有对自身需求以及对产品或服务有价值的知识和见解，并能够为企业的创新过程作出一定的贡献。顾客参与创新是指顾客积极参与公司或组织的创新过程，这可能涉及为新产品或服务提供反馈、建议或想法的顾客，甚至可以与公司一起积极共同创建新产品或服务。顾客参与可以采取多种形式，例如参加调查，焦点小组，合作研发等。企业还可以使顾客参与开放的创新平台，在那里他们可以与其他顾客和公司的创新团队共享想法并协作。

　　通过让顾客参与创新过程，公司可以获得对顾客需求和偏好的宝贵见解，实现共同创建以更好满足这些产品和服务的需求，进而提高顾客满意度和忠诚度，并最终取得更大的业务成功。首先，顾客参与创新可以增强顾客满意度。当顾客参与创新过程时，他们更有可能感到被重视，使得顾客满意度和忠诚度提高；

其次，顾客参与创新可以改进产品设计。通过让顾客参与创新过程，公司可以获得对顾客需求和偏好的宝贵见解，从而开发出更好地满足顾客需求的产品，并且更有可能在市场上取得成功；同时，顾客参与创新可以降低风险。当顾客参与创新过程时，公司可以以更小、更有针对性的受众来测试新的想法和概念，这可以降低推出无法满足顾客需求或偏好产品的风险；最后，顾客参与创新可以增加创新成功的可能。让顾客参与创新过程可以提高新产品和服务的成功率，这是因为顾客反馈可以帮助公司在开发过程的早期识别并解决潜在问题。总体而言，顾客参与创新可以带来更好的产品、更高的顾客满意度和创新成功，所有这些都可以促进长期的业务成功。因此，让顾客参与企业创新已成为企业创建以顾客为中心的产品和服务越来越流行的方法。

在这样的背景下，顾客参与企业创新变得越来越重要。顾客作为企业的重要利益相关者，其知识和经验对企业的创新非常有价值。然而，如何有效地管理和利用顾客的知识和经验仍然是一个具有挑战性的问题。因为在顾客参与创新的合作过程中，暴露出诸多的问题，众多企业花费了高昂的成本让顾客参与到创新进程中，最终却收效甚微，甚至延长了预定的项目周期，有的项目甚至以失败告终。

尽管顾客参与创新有很多优势，但也有一些潜在的缺陷要考虑。首先，时间和资源限制。让顾客参与创新过程可能是耗时且资源集约的，对于资源有限的公司来说，这可能是一个挑战；其次，顾客可能带来有偏见的反馈。顾客可能会根据他们的个人经验和偏好提供有偏见的反馈，并不能代表更广泛的市场需求，企业必须采取措施来降低这种潜在的偏见，例如选择不同的顾客参与创新过程；最后，对顾客反馈的过度依赖。公司可能过于依赖顾客反馈，这可能会限制他们追求顾客尚未设想的新颖和创新想法的能力，公司必须在整合顾客反馈和维护自己的未来创造力之间取得平衡。

为了研究顾客参与企业创新中的诸多关键环节，提高企业创新绩效，本书采用了计算社会实验研究方法，基于网络科学的相关理论，使用基于计算机的模拟来研究社会环境中的人员行为。计算社会实验结合了计算建模和实验设计的要素，以创建受控的仿真环境，使研究人员能够操纵变量并观察它们如何影响个人和群体行为。计算社会实验在社会科学研究中变得越来越流行，因为它允许研究人员以可控且可复制的方式检验假设并产生新的见解，它还提供了一种研究复杂社会现象的方法，这些现象在现实生活中很难或无法观察。

本书从知识网络的角度研究了顾客参与企业创新的主题，并进行了一系列实验，以探讨顾客参与对企业创新的影响以及影响创新成功的关键因素。本书提供了有关知识网络和顾客参与创新理论基础的概述，以及如何有效实施顾客参与战略的实用指导。本书通过实验研究的方式，探讨了如何建立和管理知识网络，以促进顾客参与企业创新的过程。本书适合企业创新研究领域的学者、从业人员和学生阅读。希望本书的研究结果能够为企业创新的实践提供一些有用的启示，并为学术界提供有价值的研究成果。

本书得以顺利出版，首先，感谢浙江金融职业学院历届领导、各位同事和各位学界同仁对我的关心和照顾。其次，感谢北京师范大学张江教授，感谢清华大学罗家德教授以及北京大学吕鹏教授的指导与启发。最后，感谢我的家人，没有他们的大力支持，这本书很难顺利完成。由于时间与精力有限，疏漏在所难免，不当之处还恳请读者不吝批评指正。

桑　滨

2022 年 12 月 30 日

于马来亚大学

目　录

CONTENTS

绪　　论

1.1　研究背景及意义

在全球经济一体化的趋势下，市场竞争日趋激烈。企业，尤其是知识密集型企业，要想生存下去，就必须保持自己的核心竞争力。企业创新是提高核心竞争力的关键环节（Olaisen & Revang，2017）。然而，创新绩效低（高风险和高失败率）是许多企业面临的一个大问题（Senbeto & Hon，2020）。如何提高企业的创新能力已成为需要高度重视的热点。由于创新不是孤立存在的，企业必须依靠自身和合作者的力量来培养和提升创新能力（Xu et al.，2022）。这就要求企业树立开放式创新理念，从客户、合作伙伴等多渠道获取创新源泉（Chesbrough，2003；Von Hippel，2010；Vrontis & Christofi，2021；Zhao，2022）。

随着5G时代的到来，知识经济迅猛发展。5G和创客空间、大数据、移动商务的应用，以及"米聊""知乎"等客户社区的不断发展，让客户可以通过多个平台与企业无障碍沟通（Halbinger，2018）。客户是产品或服务的最终消费者，他们对产品或服务的质量和客户体验有着最深刻的理解（Ulwick，2002；Mursid & Wu，2021）。客户知识可以满足企业的知识缺口。因此，一些企业鼓励顾客沿着供应链从终端消费发展到生产，提供想法、知识或技术，参与企业的产品创新（Zhang & Xiao，2020）。他们期望通过顾客参与创新来提高创新绩效，获得竞争优势和利润（Liu et al.，2022；Prahalad & Ramaswamy，2000；Ulwick，2002；Ye & Kanhalli，2020）。

客户参与创新的模式体现了知识经济时代企业的协同创新范式。与传统的企业创新相比，顾客参与创新的优势在于它可以提高创新的效率和效果（Zhang，2020）。首先，这可以大大减少创新的不确定性，降低企业创新的成本（Chang & Taylor，2016）；其次，当企业自身的知识不能满足创新的需要时，客户参与可以填补知识空白，提供外部知识（Blazevic & Lievens，2008）。但是，目前客户参与创新仍存在一些问题：知识网络结构不合理（Li et al.，2013），个人合作策略对创新绩效的影响（Temel et al.，2021；Wei et al.，2019），知识传播中缺乏信任（Usoro et al.，2007），等等。卡洛夫（Calof et al.，2018）认为，盲目引入客户参与创新会增加企业成本，成功概率低。基于以上考虑，如何有效实施顾客参与创新以取得更好的效果是本研究的主要问题。隋和吴、维奇奥和拉尔（Cui & Wu，2016；Del Vecchio et al.，2020；Lall，1992）认为，创新能力提升的本质在于知识，知识网络改变了企业创新的动态特征（Wang et al.，2014），对于存在于网络系统中的知识，它可以用来分析其动态演变过程。

基于知识协同和复杂网络的视角，本研究将以知识密集型企业为研究对象，对客户参与（CP）创新构建知识协同网络（KCN）进行实验研究，并评估社会资本的三个维度（结构、策略和信任）对 KCN 绩效的影响，然后就企业如何管理客户参与模式和构建有效的 KCN 以提高 CP 创新成果提出具体的管理策略和建议，为企业未来的开放创新提供有借鉴意义的参考。

当今时代，创新已成为服务企业立足的关键，服务企业的收益也越来越依赖于服务创新。随着知识经济时代的到来，21 世纪的企业要生存，就不能只着眼于竞争，而要保持并发挥核心竞争力，这就要求企业不断创新。而企业的知识水平是创新能否成功的一个关键因素，知识经济的兴起推动了知识管理的蓬勃发展。目前，西方国家对知识管理的战略重要性已经形成了普遍认识。世界经济论坛和普华永道的一次调查发现，95% 的首席执行官认为知识管理是企业成功的首要条件，以知识为基础的不断创新是企业维持竞争优势的必然选择。斯图尔特曾在 1997 年提到，1954 年美国财星（Fortune）杂志公布的前 500 大企业中，有 2/3 的企业在 40 年后被强调创新研发的知识型企业所取代，知识资源并不像传统资源如土地、机器设备等那样易管理，创造知识、共享知识的过程更是一种无形的活动。因而，知识资源的开发作为企业管理的新模式就显得日益重要，知识管理问题引起了全球学术界和企业界的高度重视（王慧，2009）。对于服务企业而言，在服务创新过程中，顾客是服务企业重要的创新思想来源，顾客参与已成为创新能否成功的关键因素。顾客参与包含不同层面，从知识层面来讲，最重要的是顾客知识向企业的转移以及顾客和企业之间的知识协同创新（张若勇等，2007）。安克拉姆

（Anklam，2002a）指出，企业通过"协同"的方式进行知识创新，能够在一定程度上弥补知识缺口，有效地解决知识情景嵌入和路径依赖的问题，消除"知识孤岛"，并可获得多主体、多目标、多任务间"$1+1>2$"的知识协同效应。复杂网络研究的兴起，为我们研究顾客和企业之间的关系提供了一种有力的工具。事实上，顾客与企业员工之间沟通与互动构成了复杂网络关系，该网络中企业员工与顾客作为节点，其合作关系作为边，随着知识的互动与协同创新，网络结构趋于复杂，所以本书采用复杂网络工具对其进行演化分析具有一定的合理性。

从以上对于顾客参与企业服务创新的分析可以得出，顾客—企业知识协同方面存在如下问题：顾客参与企业服务创新会影响到服务创新绩效，安克拉姆等学者大多从顾客参与的方式或对企业的影响等方面来进行研究，而在如何管理顾客参与过程和模式，如何使得企业的创新绩效达到较高水平方面的研究不多；顾客参与企业服务创新构成一个复杂网络关系，其网络结构制约着网络中知识协同有效性的提高。在这个由企业员工和顾客组成的知识协同网络中，知识主体的网络结构关系不是一成不变的，而是随着时间演化的，同时主体的策略行为也会在特定的时间段以一定的策略更新规则发生改变，网络结构的演化和主体的策略更新都会对知识协同绩效产生影响。因此，本书基于网络的视角构造了顾客—企业知识协同模型，并研究顾客和企业员工构成的复杂网络结构和主体的策略行为对知识协同绩效的影响，目的在于找到对企业有效的网络结构模式，探索主体策略行为和网络结构如何演化有助于合作水平的提高，以及企业可以采取哪些有效措施提高顾客参与的服务创新绩效。

理论层面，本书以知识协同、复杂网络理论以及主体的策略行为理论为基础，从汇合的视角构建包含顾客参与的顾客—企业知识协同网络模型，从企业与顾客交互层面分析顾客参与模式和主体的策略行为选择对企业服务创新绩效的影响，研究知识协同网络结构和主体策略行为之间的双向耦合以及协同演化情况，以期明确网络结构、主体策略行为、服务创新绩效三者之间的关系。这些成果有助于相关理论的融合和发展，为顾客参与的研究提供了全新的视角和研究思路，对充实和丰富有关知识协同和复杂网络的研究也起到一定的促进作用，因此本书具有一定的理论意义。

实践层面，本书基于复杂网络的视角，以知识密集型服务企业为研究对象，以整合的观点研究了有助于企业服务创新绩效提高的网络结构模式和主体策略行为，并提出具体的管理策略和建议，为服务企业尤其是知识密集型服务企业激励顾客积极进行参与、管理顾客参与模式、更好地与顾客互动、实现顾客与企业协同创新提供理论依据和参考。同时，为服务企业更好地促进顾客知识转移，在激烈的市场竞争环境中通过顾客参与的方式达到较高的服务创新绩效并提升核心竞争力，提供了理论借鉴和指导。对服务企业及考虑推行顾客参与服务创新的企业，具有较重要的实践意义。

1.2 几个基本概念

概念作为理论体系的重要组成部分，在研究中起到了重要的作用，统一、清晰和明确的概念界定可以确定研究对象的边界，因此对本书经常用到的几个基本概念如顾客参与、知识协同、复杂网络、顾客—企业知识协同网络与知识密集型服务企业等做一个简单的介绍。

1.2.1 顾客参与

20 世纪 80 年代初，泽斯曼尔（Zeithmal，1981）、刘文超（2011）就提出，顾客参与是指服务消费者在服务的生产和消费过程中，参加服务设计和服务传递的行为，这是顾客参与的一个经典定义；瑟马克等（Cermak et al.，1994、2011）从物质和精神两个层面来说明顾客参与是与服务生产和传递相关的顾客行为；卡蒂尔蒂克和纳玛西瓦亚姆（Karthik & Namasivayam，2003）用顾客在生产过程中的角色来定义顾客参与，并把顾客参与的定义扩大到有形产品的生产领域；在此基础上，谢菲和延（Hsieh & Yen，2005）将顾客参与视为顾客对于服务生产和传递活动的资源投入，从资源提供程度方面来解释顾客参与。顾客参与是顾客资源的涉入，包括智力、情感等，本书中用到的顾客参与是从知识层面来讲的，指顾客智力即知识的投入，顾客参与方式为合作生产。

1.2.2 知识协同

知识协同源于知识管理和协同学理论的结合，从协同学角度分析，知识协同是一种不同主体间的知识互动过程，涉及特定的目标或成果，并在多个拥有知识的行为主体之间进行并达到一种有序状态（樊治平等，2007），其成果可能是知识创新，也可能是一种产品或服务。知识协同强调的是多个拥有知识的行为主体为达到某一特定目标，利用自身知识和他人知识进行协同工作的过程。知识协同的形式不仅表现为组织、社会、个人之间的协同，还表现为人机之间、系统之间的知识协同。在这个过程中，本书假设每个知识主体都有一个知识存量，并随时间而变化，导致知识主体知识存量变化的原因是分散于整个协同环境中的知识单元之间的传递、碰撞、交互、积聚和共同演化。

1.2.3　复杂网络

复杂网络是由节点和连线组成的，其中的节点可以代表任何事物，例如人际关系构成的复杂网络节点代表单独个体，万维网组成的复杂网络节点可以表示不同网页，知识网络中的节点可以代表知识单元或者知识主体。本书中顾客—企业知识协同网络中的节点为知识主体，即顾客或者企业员工；连线表示节点之间的相互作用关系。典型的复杂网络是由许多节点和边组成的，其中节点用来代表真实系统中不同的个体，而边则用来表示个体间的关系，两个节点之间具有某种特定的关系则连边，反之不连，有边相连的两个节点在网络中被看作是邻居节点。如果把不同知识系统的要素和关系抽象为节点和边，那么可以对各个层次的知识构建网络，进而从网络的角度对其进行建模和分析。所以，把知识系统中的"要素"和"关系"分别抽象成节点和边，就可以利用复杂网络理论构建知识系统模型，从而对知识网络进行定性度量和分析。

1.2.4　顾客—企业知识协同网络与知识密集型服务企业

本书提出的知识协同网络不同于一般的创新网络，网络中的主体是知识主体，其中的顾客大多具有创新能力，同时，顾客互动能力较强，知识协同效应明显。而知识密集型服务企业（knowledge intensive business services，KIBS）是指那些显著依赖于专门领域的专业性知识，向社会和顾客提供以知识为基础的中间产品或服务的公司和组织，高知识度和高互动度是其主要特征（魏江等，2007），而普通服务企业不具有这些特征。凯姆帕米拉和麦特恩（Kemppilä & Mettänen，2004）指出 KIBS 的定义主要包括以下三点：（1）知识是服务的重要投入；（2）服务高度依赖于专业能力和知识；（3）服务提供商和客户之间有高度的互动，为知识的扩散和新知识的产生提供可能性。本书根据这一定义对知识密集型服务企业中知识主体的特点进行了仿真分析。

1.3　研究内容及创新点

（1）网络组织智能主体界定及关系特征识别。

顾客参与的企业创新涉及不同类别参与主体（顾客主体和员工主体两类）间的知识协同运作，网络中的每个节点都不是独立存在的，而是存在于与其他节点的关系之中，通过识别网络组织各智能主体之间的关系，可以准确地构造出知识网络组织的结构。在本书中，知识网络的主体为企业员工、用户，知识网络为在企业主导下构成的组织结构。

（2）顾客参与企业创新关键成功因素（CSF）研究。

顾客参与企业创新成功的因素包含多方面，涉及用户的社会资本、用户参与的意愿、外部环境、主体特征、信任障碍。影响知识网络绩效（合作项目数量、知识存量增量水平、知识方差、知识标准离差率）的因素可以概括为网络结构（包括主体特点、联系强度、结构洞、度分布、集聚系数、平均最短路径等）以及主体策略（基于博弈论的合作与否、增加新的联系以及删除现有联系的策略选择、利益分配策略等）。本书将基于以上研究基础，采用实验研究方法，发掘影响用户参与企业创新成功的关键因素。

（3）不同网络结构下顾客参与企业创新的模型及实验研究。

员工与顾客作为网络节点，其合作关系作为边，在不同的网络结构参数下，知识的互动与协同创新效果不同。知识之所以能在不同的主体之间传播，是由于主体之间存在知识的差异，本书拟采用物理学中有关知识势能的概念，分别赋予企业的高、中、低端客户不同的知识势能，以期量化研究不同主体客户群对于企业创新的贡献值，以及什么情境下智能主体的知识能得到最大提升。首先利用知识网络工具构造用户—企业知识协同网络，然后通过对知识协同过程进行建模和仿真，对比分析不同网络结构下的知识协同绩效，找出对企业创新最有效的网络结构模式以及参数。

（4）不同主体策略选择下顾客参与企业创新模型及实验研究。

在上述模型构建基础上，基于有效的网络结构，对模型进行主体策略分析，而且主体的策略会根据知识收益随时间进行更新；同时，智能主体会根据知识收益以一定的网络更新规则改变知识协同对象，从而使网络结构得以改变。通过实验结果对比来分析研究什么样的智能主体策略能促进知识协同与创新以及网络结构和知识主体策略如何协同耦合有助于达到较好的知识协同效果。

（5）企业创新绩效提升对策研究。

根据研究结论，首先，从企业角度出发，基于知识网络结构与主体的策略选择行为，提出提升企业创新绩效的对策。其次，从用户角度出发，提出升华用户自我实现价值的对策。

本书创新点主要体现在三个方面：

（1）从知识网络视角研究用户参与的企业创新。

网络结构强烈地影响着协同世界中思想和态度的传播，并且对企业的知识创新战略有重要影响，从系统结构决定功能的角度看，研究网络结构意义重大。本书运用用户参与、企业创新、知识网络等理论与方法，将企业创新中所涉及的用户与员工等智能主体整合到同一个非标准化的知识网络组织中，建立动态模型并进行仿真实验，从结构层面研究有用户参与的企业创新与发展，突破了传统的研究模式，例如创新政策、创新方式等，为企业创新的研究提供了新视角。

（2）量化研究不同主体客户群对于企业创新的贡献值。

知识之所以能在不同的主体之间传播，是由于主体之间存在知识的差异，本书拟采用物理学中有关知识势能的概念，分别赋予高、中、低端客户不同的知识势能，可以量化研究不同主体客户群对于企业创新的贡献值。

（3）发现用户参与企业创新的关键成功因素。

由于影响用户参与企业创新成功的因素众多，因此有必要识别出关键成功因素，从而使得企业可以有针对性地采取措施来保证智能主体协同创新的实施成功。本书将基于用户参与、博弈论、协同创新等理论，通过实验方法来发现用户参与企业创新的关键成功因素。

1.4　研究结构及流程

本书撰写框架主要分为八个部分，具体内容概述如下：

第一部分，绪论。叙述了本书研究的背景和意义，对本书的研究对象及相关观念进行了界定，并且总结了本书的主要研究内容，提出主要创新点，最后给出本书的研究结构与流程。

第二部分，文献综述。在梳理大量国内外关于顾客参与、社会资本理论、知识网络、复杂网络等方面文献的基础上。对顾客参与的概念进行了深入分析；对社会资本理论中关于知识传播的方面进行了深入剖析，对知识协同的概念、研究方法和建模方面的文献进行了深入研究；并回顾了复杂网络的测度指标、经典网络模型及其构造算法与复杂网络上的传播动力学方面的研究。

第三部分，基于主体的建模（Agent-based modelling，ABM）方法研究。探究了基于主体的建模方法的适应领域与应用的边界条件，对什么样的研究适用 ABM 进行了一定分析，并对 ABM 方法的未来适用领域进行了一定的展望。

第四部分，基于主体的 NetLogo 建模技术研究。对 Netlogo 建模技术的详情进行了分析，并研究了 NetLogo 的建模仿真框架，而且探究了行为空间，用行为空间做实验的情形及后续的数据分析方法。

第五部分，基于网络视角的顾客——企业知识协同演化研究。顾客参与企业的服务创新，并与企业的沟通和知识互动过程构成了一个知识协同网络，网络结构影响着知识协同的绩效。本书用复杂网络模型构造了顾客——企业知识协同网络，并通过对知识协同过程进行建模和仿真，对比分析了规则网络、小世界网络、随机网络上的知识协同绩效。

第六部分，基于主体策略和网络结构更新的顾客——企业知识协同演化研究。由于主体对于知识协同所持态度不同，模型中把知识主体针对知识的传播和接收各分为"积极的"和"消极的"两种策略。知识主体的策略不是一成不变的，而会根据知识水平的大小（知识收益）随时间进行更新，策略的更新会影响知识协同的效果；在知识协同过程中，网络结构也不是一成不变的，主体会根据知识收益水平以一定的结构更新规则改变连接，连接的改变对应网络中边的增或删，进而影响知识协同效果。

第七部分，应用分析及管理启示与建议。对模型进行了应用分析举例，通过例子可以看出，上述模型可以应用于实际，并且可定量化研究，可以较好地服务于企业的服务创新工作，并为组织管理者提供一定的指导建议。

第八部分，总结与展望。对全书进行回顾，对研究进行总结，并针对本书知识水平的局限性与研究的不足，提出对未来研究的展望。

图 1.1 是本书的研究流程图，从图中可以更直观地把握全书脉络。

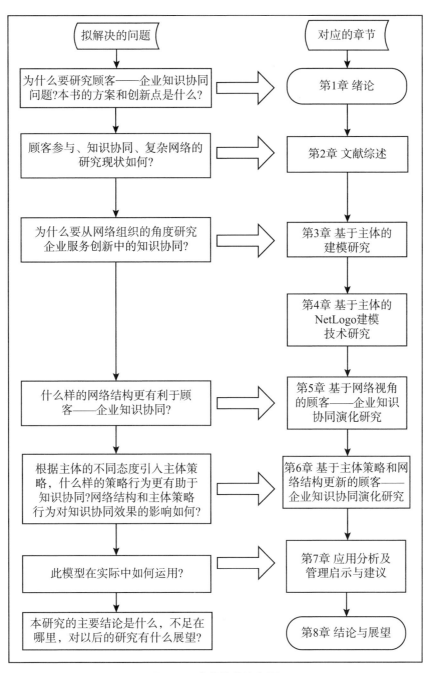

图 1.1 本书结构流程图

1.5 本章小结

    本章首先对全书的研究背景及意义进行了详细阐述，包括企业所处外部环境的分析，由此得出企业在满足顾客需求方面存在知识缺口的问题。其次，阐述了本书中的一些基本概念，如顾客参与、知识协同、复杂网络和知识密集型服务企业。再次，介绍了本书的研究内容，包括两个仿真模型，一是基于不同网络结构的顾客——企业知识协同演化；二是基于个体策略选择和网络结构演化的顾客——企业知识协同模型。最后，给出了本书的研究结构及流程。

文 献 综 述

2.1 顾客参与研究综述

2.1.1 顾客分类

关于顾客的分类，目前国内外的研究主要有以下几种观点：

（1）根据顾客需求的性质划分。

虽然如今的顾客需求日趋多样化和个性化，但是由于精力、资源、成本等方面的限制，企业不可能满足所有顾客的个性化需求。同时，顾客由于知识水平、经济资源、消费观念等差异，对产品或服务的个性化需求也不尽相同。因此，可以根据顾客对产品或服务需求性质的不同，将其分为被动型顾客和主动型顾客（杜苏，2004）。被动型顾客对个性化需求的渴望度较低，能够接受、消费、使用企业按照标准规格生产的产品或服务；而主动型顾客具有强烈的个性化要求，能够主动向企业定制特定的产品或服务，本书引用了这一观点对顾客进行定义。

（2）根据交换的现实性划分。

姚作为（2001）认为，根据企业与顾客交换的现实性划分，顾客可以划分为现实顾客与潜在顾客。现实顾客是指与企业之间存在现实市场交换的顾客；潜在顾客是指与企业之间不存在现实市场交换或存在潜在市场交换可能的顾客。现实顾客和潜在顾客是可以相互转化的，企业通过努力可以使其潜在顾客变成现实顾客，企业由于产品质量等方面的原因也可能导致现实顾客向潜在顾客转化，甚至使现实顾客流失。因此，企业不仅要重视现实顾客的开发，还要重视潜在顾客的拓展。本书中的顾客既包括现实顾客也包括潜在顾客。

（3）从与企业的业务关联程度划分。

姚作为（2001）根据与企业的业务关联程度将企业的顾客分为关联顾客与非关联顾客。关联顾客是指企业的核心利益相关者，对企业的运作有着直接影响，与企业的业务联系或利益关系非常密切，具体包括内部顾客（员工）、供应商顾客（供应商）、中间商顾客（分销商）、资金供应顾客（银行）、最终顾客（消费者或顾客）等；非关联顾客是指企业的非核心利益相关者或外围利益相关者，与关联顾客是相对的，具体包括公众顾客（社区）、政府顾客、竞争对手顾客（替代品企业）等。非关联性顾客对企业的影响并不直接，而是一种潜在的影响关系。本书中的顾客是指关联顾客中的最终顾客。

（4）知识型顾客。

李怀斌、王波（2004）在知识型企业和知识型员工的基础上，基于知识经济的背景，提出"知识型顾客"概念，并将其定义为"拥有外部专有知识，一方面能充分利用拥有的专有知识指导自己的消费决策，另一方面他们本身就是具有较强的学习知识和创新知识能力的个人和团体"。知识型顾客对企业日益重要，他们具有较高的知识水平，学习和创新能力较强，如果企业在创新活动中能利用好知识型顾客这一丰富资源，让其参与到企业的创新活动中，将在很大程度上提高其创新效率和效果，在这一定义的基础上，本书对顾客参与进行了进一步研究。

2.1.2 顾客参与的概念

穆斯塔克等（Mustak et al.，2016）认为，客户是企业创新的重要动力来源，顾客共同生产对企业创新过程有价值的知识。顾客与员工共同开发产品（Cui & Wu，2016），作为公司的"兼职"员工，顾客被认为是企业创新理念的重要来源（霍耶等，2010）。希佩尔（Hippel，1998）相信顾客是企业创新的源泉，并且常和泰勒（Chang & Taylor，2016）将顾客参与创新定义为最基本的力量来源之一。在概念设计和产品构思阶段，顾客可以为新企业提供很多帮助。顾客情报是知识的输入，是参与合作生产的模式（Hoyer et al.，2010）。斯托雷和拉比格（Storey & Larbig，2018）从知识共享的角度分析了顾客参与服务创新的机制。穆希德和吴（Mursid & Wu，2021）通过实证研究表明，顾客参与创新对创新绩效有明显的积极影响。一些研究关注了影响消费者参与 CP 创新的动机和可能性因素，如消费者的个体特征（Füller et al.，2008），这可以帮助理解顾客之间的个体异质性。

一些研究考虑了消费者在网络中的位置，基于社会网络的观点（Kratzer et al.，2016），以及创新平台的感知属性（Balka et al.，2014）、资源支持和其他因素。皮勒和沃尔彻（Piller & Walcher，2006）认为，顾客参与对企业创新绩效影响的中介变量是顾客的知识转移。隋和吴（2016）从知识层面研究顾客参与创新的前因后果及其对创新绩效的影响。

（1）为什么顾客参与很重要？传统的创新活动具有高风险和高失败率的特点，如研发活动开支过大、不确定性高、新产品性能不能满足客户需求等（Calof et al.，2018）。由于各地知识密集型企业数量众多，电子商务发达，知识型客户占比较高，因此可以鼓励客户参与企业协同创新，降低创新活动的风险和不确定性，提高绩效（Mursid & Wu，2021；Mustak et al.，2013；O Hern & Rindfleisch，2017）。

（2）为什么要研究顾客知识？顾客参与对创新绩效影响的中介变量是顾客的知识转移（Del Vecchio et al.，2020；Piller et al.，2010），而当企业自身的知识不能满足创新需求时，顾客参与可以填补企业的知识空白，为企业提供外部知识（Blazevic & Lievens，2008）。

顾客的含义有狭义和广义之分，本书中的顾客是狭义概念，是指企业生产的产品或提供服务的购买者或使用者。顾客是市场营销学中的一个重要概念，满足顾客需求是企业营销活动的出发点和归宿，然而复杂多变的市场环境决定了顾客需求的多样性，如今的企业尤其是服务企业，如果仅仅利用自己企业内部的知识已不能满足顾客需求，其所提供的服务与顾客的需求之间存在缺口。而如今的顾客也不再像传统的顾客那样处于企业之外，被看做被动的消费者，顾客角色悄然发生演化。正如普拉哈拉德和拉玛斯瓦米（Prahalad & Ramaswamy，2000）指出的，随着商业环境的动态变化，特别是网络的发展，顾客越来越多地与产品和服务的供应商进行积极的和明确的对话。顾客信息获取更加便利，可以从世界各地获取信息，通过网络建立各种"主题社区"，通过互联网进行试验和开发产品，顾客已经从被动的"观众"演化为积极的参与者，顾客参与已成为企业保持核心竞争力的重要方式。

对顾客参与问题的研究已经有较长的历史，20世纪80年代初，泽丝曼尔（Zeithmal，1981；刘文超，2011）就提出顾客参与是指消费者在服务的生产和消费过程中，参加服务设计和服务传递的行为，这是顾客参与的一个经典定义；瑟马克等（Cermak et al.，1994）从物质和精神两个层面来说明顾客参与是与服务生产和传递相关的顾客行为；卡提卡·纳玛西瓦亚姆（Karthik Namasivayam，2003）用顾客在生产过程中的角色来定义顾客参与，并把顾客参与的定义扩大到有形产品的生产领域；在此基础上，谢菲和延（Hsieh & Yen，2005）将顾客参与视为顾客对于服务生产和传递活动的资源投入，从资源提供程度方面来解释顾客参与。本书在现有研究的基础上，对顾客参与的概念界定进行了初步整理，如表2.1。

从表2.1中可以看出，顾客参与的定义在不断地发展和完善，本书倾向于采取上述学者的综合定义，即：顾客参与是顾客资源的涉入，包括智力、情感等。

表 2.1 顾客参与的概念界定

研究者	顾客参与的概念界定
凯莉，唐纳利和斯金纳（Kelley, Donnelly & Skinner, 1990）	顾客在服务中的参与可通过信息的提供及实质的努力等方式表现，而服务产品也因顾客的参与而有不同的表现
菲尔（File et al., 1992）	"参与"反映了购买者真正从事与服务或价值的定义和传递有关的行为的种类和水平，而这些服务或价值正是购买者所真正追求的
瑟马克等（Cermak et al., 1994）	顾客与服务的规格设计和使用有关的行为，是一种行为性的参与（Behavioral Involvement），表现为顾客在服务生产和传递中进行的相关物质和精神活动
罗迪和克莱内（Rodi & Kleine, 2000）	顾客参与是一个行为性的概念，指顾客在服务的产生或传递过程中，所提供的资源或从事的行为，包含心理、实体，甚至是情感方面的付出
纳米斯瓦亚姆（Namsivay-am, 2002）	顾客参与是生产过程中顾客角色的介入，不管是服务的生产还是有形产品的生产，都有顾客的角色体现
劳士德（Lloyd, 2003）	顾客在服务过程中作出的所有贡献，终将影响他们所接受的服务和服务质量
卡提克·纳米斯瓦亚姆（Karthik Namsivayam, 2003）	顾客参与是生产过程中的顾客角色，不管是服务还是有形产品的生产
范秀成、张彤宇（2004）	顾客参与是一个行为概念，指顾客在服务过程中，对智力、实体和情感的投入
谢菲和延（Hsieh & Ye, 2005）	顾客在服务的生产与传递过程中以时间和精力、信息提供、合作生产的形式提供资源的程度
阿拉姆（Alam, 2002、2006）	服务创新过程中，企业根据创新战略，采用恰当的参与形式，在恰当的创新阶段引入恰当程度的顾客参与到服务创新过程中

20

续表

研究者	顾客参与的概念界定
翟家保、徐扬（2009）	服务业中顾客（最终消费者）对服务过程的参与行为而不考虑客户（产业消费者）的参与行为
马尔（Mahr et al.，2014）	客户共同生产对公司创新过程有价值的知识
斯托克等（Stock et al.，2017）	通过新产品开发过程各个阶段的互动和参与，与客户共同开发新产品
穆希德和吴（Mursid & Wu，2021）	顾客参与企业的创新过程

资料来源：作者整理。

2.1.3　服务企业创新中的顾客参与

在过去很长一段时间内，创新一直被认为是组织内部的活动，企业只能通过内部研发活动向市场注入新的商品或服务提供给顾客。但是随着信息技术的发展和知识经济时代的到来，迅速变化的商业环境和日趋激烈的市场竞争，给传统的"push"型生产消费方式带来了巨大冲击。顾客不断提升的市场地位以及日益增长的物质文化需求，促使企业在创新中产生了新的思考，形成企业与顾客的合作网络（Chesbrough，2006）。顾客作为企业的"兼职"员工，是服务企业创新思想的重要源泉，顾客参与是服务创新的重要影响因素。1979 年，洛夫洛克和杨就指出企业可以"转向消费者来提高生产力"（Lovelock & Young，1979），之后许多学者将研究集中在把顾客视为生产力来源上。顾客参与包含不同的维度，凯洛格等（Kellogg et al.，1997）从顾客参与价值链的角度通过对食品、教育、修理、零售、休闲及医疗、保险、银行行业的研究分析，发现顾客的参与活动包括事前准备、信息交流、关系建设和干涉行为 4 种价值创造活动；张祥、陈荣秋提出的顾客参与链模型中，把顾客参与定制的过程分为准备阶段、参与阶段和评价阶段，并识别出三个重要的增值活动：需求确认、服务支持和共同开发。恩牛和宾克（Ennew & Binks，1999）从顾客与企业之间互动角度研究顾客参与，通过对 1200 多个小企业的员工和顾客进行探查，提出顾客参与的三个维度，其中一个维度为信息分享，指顾客把信息传递给服务员工，本书中顾客和员工的知识协同引用了这一观点。顾客与企业之间的互动与知识协同会影响到服务创新绩效，这不仅可以令企业获得更有利的产品或服务开发曲线，而且可以降低创新过程中由"顾客导向性"导致的不确定性，并通过顾客知识向企业的转移影响服务创新绩效。然而已有的研究主要是从理论或实证方面说明顾客参与对企业绩效的影响或者研究顾客参与的方式，对于什么样的网络结构关系更有利于创新绩效方面的研究并不多。

2.2 社会资本

社会资本是指"个人或企业所拥有的嵌入在关系网络中的、可通过关系网络获得的以及来自关系网络的实际和潜在资源的总和"（Nahapiet & Ghoshal，1998）（见图 2.1）。社会资本由多个维度组成，本书将用三个主要因素来衡量它，即结构性、关系性和认知性。

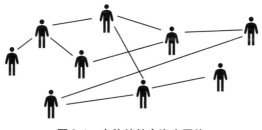

图 2.1　个体的社会资本网络

2.2.1　结构方面

　　结构维度反映了成员之间的关系模式，可以从网络结构的角度进行研究（Chiu et al. , 2006）（见表 2.2）。

表 2.2　　　　　　　　　　　　网络结构

复杂的网络模型	构建算法	特点
ER 随机网络（Erdös & Rényi, 1960）	ER 随机图从 N 个未连接的节点开始，连接两个随机选择的节点，直到边的数量等于指定的 K，不允许重复连接	低 L（平均最短路径），低 C（集聚系数）
WS 小世界网络（Watts & Strogatz, 1998）	该模型是基于由一个概率为 p 的规则网络实施的重新连接过程，从规则网络开始，以概率 p 随机重新连接边缘，并从一个完全规则的网络过渡到一个完全随机的网络	低 L，高 C
BA 无标度网络（Barabási & Albert, 1999）	该模型主要基于现实网络生成的两个重要属性：增长和优先连接。其基本思想是，新增加的节点倾向于连接到具有较大度数的节点	节点的度分布具有幂律特征

复杂的网络模型	构建算法	特点
常规网络	由一维链、二维正方形格子等组成的网络被称为规则网络,其中的格子具有平移对称性,每个格子的邻居数量相同	高 L,高 C
其他网络模式	地方世界演化网络 模型加权网络模型 边缘加权网络模型 超级网络模型	对不同网络的结构特点进行更详细的描述

其中,小世界网络是比较典型的网络结构,因为它节点之间的平均距离较低,但因其受到重连边的影响,所以相比随机网络而言,具有较高的集聚系数。

2.2.2 认知层面

认知维度代表一种资源,它可以在不同的个体之间提供共享信息(Nahapiet & Ghoshal,1998)。网络成员之间的共同目标和共享文化群体是这个维度的两个主要方面。共同目标代表了成员对实现任务的共同理解,以及实现任务的方法的共享程度。例如,公司内部的员工会朝着总部制定的既定目标努力。共享文化是指关系被行为规范所支配的程度,它是一套标准化的行为规范,类似于关系模式,支配着网络中的行为。

成员因不同的认知,会采取不同的行为。本书将结合博弈论和代理策略来衡量认知维度。代理人会根据自己的策略选择相应的知识协同行为。

（1）代理策略。在每个时间步骤中，每个玩家可以选择对其邻居进行合作（传播知识和吸收知识，C）或背叛（不传播，只吸收知识，D），我们假设个体被限制在对其整个邻居使用一种策略（Nowak & May，1992）（见表2.3）。

（2）博弈论。囚徒困境博弈；雪堆博弈（Wu et al.，2006）。

表 2.3 报酬矩阵

主体/收益		知识接收者 j	
		C	D
知识传播者 i	C	$\pi(C, C)$	$\pi(C, D)$
	D	$\pi(D, C)$	$\pi(D, D)$

2.2.3 关系层面

关系维度指的是个人之间的直接联系，与互动结果而非结构结果有关（Nahapiet & Ghoshal，1998）。在这个维度的信任、规范和认同等各个方面，我们重点关注信任，因为信任是影响知识转移和创新的一个关键因素（Kim et al.，2012；Renzl，2008a）。信任是基于社会判断和风险评估的，前者包括对对方的善意和能力的评价，后者指的是对对方违反信任所付出代价的评价（Rousseau et al.，1998）。在有风险的情况下，一方的信任表现为决定采取行动，将自己的命运交到对方手中（Chaudhary，2022）。

勒威克等（Lewicki et al.，2006）认为，信任为持续的合作和互动提供了基础，对有效沟通、信息共享和成功合作至关重要。杰森和格雷森（Johnson & Grayson，2005）认为，当顾客提出与服务过程有关的额外信息、行动或情绪时，顾客和员工之间可能会形成人际信任。人际信任表明，受托人的性格和知识是委托人所依赖的（McAllister，1995）。这种信任不仅促使员工愿意投入时间和精力来完成任务，而且还促使他们以规定的方式完成任务（Slåtten & Mehmetoglu，2011）。大多数关于社会资本和知识转移的文献主要是概念框架和定性研究，信任、战略和结构对知识转移和创新的作用机制尚不明确。

2.3 知识协同研究综述

2.3.1 知识协同的概念

（1）协同。

竞争与协同是自然界和人类社会的两大主旋律，竞争表现为系统中要素间的差异性、独立性和斗争性，还包含着协同要素间的相互依赖和协同。协同产生于竞争之中而又不同于竞争，这两种力量都是系统生成演化所不可或缺的动力。

"协同"一词源于希腊文（Synergy），意思为共同工作，最早是由联邦德国理论物理学家哈肯教授（1961）在研究激光现象时从希腊文引入的，他提出协同是指复杂系统中各组成要素之间及各子系统之间在操作运行过程中的合作、协调和同步的联合作用和集体行为，在宏观上协同表现为整个系统的有序化。美国战略理论研究专家 H·伊戈尔·安索夫（Ansoff，1965）认为协同是"企业如何通过识别自身能力与机遇的匹配关系来成功地拓展新的事业"，并在 1998 年出版的《新公司战略》中，从公司战略的角度对协同进行了研究。他提出，企业的整体价值有可能大于各部分价值之和，即企业取得有形和无形收益的潜在机会及这种潜在机会与企业能力之间的紧密关系。国内学者对知识协同的研究也取得一定的成果，其中潘开灵等（2007）提出了管理协同理论，即运用协同理论的基本思想和方法，基于管理对象的协同规律进行管理的一种理论体系，管理协同理论将协同学运用到管理理论中，明确发展了管理协同理论。

近几十年来理论界虽然把"协同"作为一个范畴，但并没有达成一致的认识。国内外学者关于协同理论的主要观点汇总如表 2.4 所示。

表 2.4   协同的概念

学者及年代	概念
H·伊戈尔·安索夫（1965）	协同是企业获取利益（包括有形与无形的收益）的一种有效渠道，同时决定企业能力对获取这种渠道的影响程度，协同度高的组织获益更高
哈肯（1971）	开放的复杂系统中各个子系统间相互作用，最终形成有序化的一个过程，子系统间的相互配合也获得了大于各子系统的整体效应
罗伯特·D. 巴泽尔（1987）	协同是一种多主体的业务体现，不同于各个主体简单的业务汇总，而是通过企业市场营销带来的间接推动，以及企业间对于各种业务资源（研究、采购与运营）等的共享方式联合起来的群体业务体现

学者及年代	概念
伊丹广之（1987）	协同是"搭便车"，指企业可以发挥自身的"无形资产优势"，将其运用于企业的不同产品、业务中，而不需要额外的投入
加里·哈默（Hamel G，1990）	培育下属企业的技术，并通过共享增强自身竞争力的一种战略手段
波尼（Barney J. B，1991）	公司具备的能够产生竞争优势的资源不易被模仿，而当这些资源与外部环境、终端市场需求相吻合时，两者就产生了协同作用，即公司将自己的优势运用于市场最需要的地方，自然具备最大的竞争优势
王茂斌、陈斌（1997）	协同是为了共同获益，而不是一方受损另一方收益，企业在重组后获得的新的创新机会所带来的价值增量即为协同收益
乔卓、薛锋（2002）	协同指公司并购后现金流量上的增加的过程
孙强等（2006）	协同是一种非平衡态的系统内部子系统通过互相影响而形成的整体联合作用，可以达到"1＋1＞2"的整体效应

　　综上所述，国内外学者对知识协同的起源和内涵都进行了深入细致的研究。哈肯教授（1961）最早引入"协同"一词，并从物理学的角度对其进行了定义；安索夫（1965）将协同引入战略管理领域，并研究了静态的协同，即企业在一个阶段内的资源匹配方法，并认为协同的有效性部分源于规模经济带来的好处；伊丹广之（Itami Hiroyllki，1987）研究了动态的协同，认为动态的协同效应来自不同时点上的两个战略组合，企业战略选择的实质就是对现有的隐形资产进行组合调整，从而能同时满足现在和未来对资源的需求，并提出为了产生动态协同效应，企业应尽量

选择那些可以创造隐形资产的业务去发展。国内学者大多认为，协同的整体效应大于各部分单独组合的效应之和。

（2）知识协同。

较早提出知识协同概念的是《Knowledge Management》杂志前任主编卡伦茨格（Karlenzig，2002），他将知识协同定义为："它是一种组织战略方法，可以动态集结内部和外部系统、商业过程、技术和关系（社区、客户、伙伴、供应商），以最大化商业绩效"（樊治平等，2007）。卡伦茨格还在文献中指出："那些超过 10000 个员工的大型组织可以通过系统性开展知识协同获取最大的收益，对于他们而言，在公司范围内建立和维持网络化知识过程是必要的，可以弥补部门的、地区的和文化的缺口。但是，王慧（2009）认为，知识协同不应被限制在单一公司的围墙里。安克拉姆（Anklam）是一个有着 15 年以上从业经验的知识管理专家，他也较早注意到了"知识协同"的萌芽，他指出协同是知识管理的发展趋势，并将以知识协同为标志的知识管理新的发展阶段称为第三代知识管理。

但是，知识协同的概念发展至今仍没有一个公认的定义，众多学者大致从协同工作和知识管理两个方面理解知识协同的内涵（如表 2.5 所示）。其中，从知识系统角度来考虑，知识协同是以知识创新为目标，由多个拥有知识资源的行为主体协同参与的知识活动过程，是组织优化整合知识资源的管理模式和战略手段（樊治平等，2007），本书将这一定义作为构建知识协同模型的依据。而顾客参与就是企业与顾客的沟通与知识互动，顾客与企业之间的这种联系构成了一个知识协同网络。

表 2.5　　　　　　　　　　知识协同的概念

学者及年代	概念	研究角度
莱延（Leijen，2002）	多主体间的知识协同是一种知识请求者能够顺利找到知识提供者，并整合双方知识的途径，可以弥补单个知识主体的知识缺口，达到问题解决的目的	协同工作
麦凯尔维（McKelvey，2003）	一种协同开发、著作与研究的活动，各方积极参与到这个知识创新活动中，获得"可见的"成果，如专利	
倪颖杰等（2003）	知识协同包括两个因素"知识"与"协同"，即团队和企业将自身的知识注入工艺设计、业务流程中，使各个步骤都能够紧密合理地配合，以达到协同的工作状态	
凯洛兹格尔（Karlenzig，2002）	一种集结企业内部和外部系统、商业过程、技术和关系的组织战略，即充分利用企业内外部知识资源，系统性地进行知识创新	
安克拉姆（Anklam，2002）	知识管理的协同化发展阶段，是第三代知识管理，在这个阶段企业将采取协同合作、共享知识资源、共同创新	
陈昆玉等（2002）	获得"1+1>2"效应的企业战略思想	
罗炜等（2004）	将知识共享嵌入业务过程中，提高企业柔性的策略	知识管理
张中会等（2004）	整合企业内外部资源，使企业学习以达到协同效应的手段	
胡昌平等（2007）	将协同理论引入知识管理领域，为知识管理消除人际因素和组织环境因素障碍，实现知识管理的最大效益	
樊治平等（2007）	以知识创新为目标，由多个拥有知识资源的行为主体（组织、团队、个人）协同参与的知识活动过程，是组织优化整合知识资源的管理模式和战略手段	

续表

学者及年代	概念	研究角度
郭守亭和王芳（2019）	知识在集群企业间相互共享和扩散的过程	知识管理
塞拉诺（Serrano）和费希尔（Fischer）（2007）、陈劲和阳银娟（2012、于天琪（2019）	在创新过程中，各知识主体通过相互合作与交流，共享知识和技术信息，从而提高知识创新的效率	

资料来源：作者整理。

2.3.2　知识协同的研究方法

国外研究方面，安克拉姆（Anklam，2002）指出知识协同的关键技术与工具是在线知识库、知识门户、Web 会议系统、协同项目环境、个人信息交互和专业指引工具等；莱延（Lanrie）等研究了知识协同的 IT 支持问题；马萨·奥赫拉（Masao ohira，2005）认为在虚拟团队中可以采用社会网络分析方法支持知识协同。国内研究方面，樊治平等（2007）提出了知识协同的概念模型，将知识协同视为以知识创新为目标任务的知识活动过程，知识协同过程涉及知识协同主体、知识协同媒介、知识协同客体与知识协同情境四要素，对这些要素进行深入研究有助于提高企业协同效应；战洪飞（2002）构建了基于网络的协同知识管理系统，为分散异地的企业员工和客户的知识交流和共享提供了有力的工具；陈立华认为维基可以作为全新网络时代中的协同工作与知识共享平台；苏震将协同这一概念引入知识创新领域，认为BLOG 可以成为协同知识创新的平台；田锋等从场景的角度分析了组织成员、知识与 CSCW 之间的关系及相互作用，提出一种基于角色的知识建模和管理方法，最终实现了一个原型系统；刘黄玲子等指出，计算机支持的协作学习（CSCL）主要研究的是协同知识建构的过程以及设计工具来支持该过程的实现，而实现协同知识建构的基础是共享、认证、协调、创新、反思和情感交流。

此外，不少国内学者综合了各种研究方法，给出了知识协同的研究方案。丁瑨等（2008）提出了复杂知识网络模型，将复杂网络方法运用于知识网络研究中，并进行了计算机仿真，结果显示，在不同的网络更新策略下，知识存量落后的网络将随着网络密度与边权的增加缩短与先进网络间的距离，并且选择与高中心性与中介性主体结合是促进知识快速流动的有效手段。这对知识协同研究中知识主体间知识水平差距的缩小以及关系强度改善的研究有一定的指导意义。杨波和陈忠（2007）在总结了现有文献中与复杂社会网络建模有关的研究基础上，提出了 STC 模型（Dynamical Coupling Model of Network Structure and Agent Strategic Behavior），即网络结构和主体策略行为的动态耦合模型，该模型考察了主体行为策略对网络结构演化的影响，并且引入异质性、聚集系数等复杂网络测度指标对网络进行测度，运用仿真与多变量回归等技术分析微观变量对网络结构的影响程度。本书在上述研究的基础上，将博弈论引入主体间的知识协同过程（本书中的知识主体是指企业员工与顾客），通过对知识主体间的博弈分析得出不同策略，将各主体用智能体代替，运用社会网络方法模拟各智能体间的关系，同时运用复杂网络对其进行建模分析，最终得到一个具有多知识主体的顾客——企业知识协同网络，即综合了各种研究方法对顾客、企业间的知识协同进行的网络化研究。

2.3.3 知识协同的量化研究

国外研究方面，奥赫拉（Ohira，2003）等分析了跨项目团队的知识协同的社会网络，介绍了一种可以使协同关系可视化的工具，从而使知识协同更加容易理解和使用，并通过案例分析来说明这种工具的有效性；撒特克里夫（Sutcliffe，2003）初步探讨了设计过程中的合作和协同现象，并通过建立一个认知模型来分析和探讨如何提高任务知识的重用程度；努梅拉和萨伦凯托（Nummela & Saarenketo，2004）提出了一个用于支持虚拟协同工作的知识环境模型；约翰和梅斯特（John & Melster，2004）提供了一种面对面的方法来建立、管理和映射知识空间；耶西尔巴斯和伦巴德（Yesilbas & Lombard，2004）分析了协同设计过程中的冲突管理问题，并基于领域知识、产品知识、协同知识等处理给出了一个冲突管理的支持系统；亚当和霍弗（Adam & Hofer，2005）等提出了一个基于全球化知识和本地化知识的公司间的协同网络框架，在这一框架中，跨越公司的业务可以被协同地计划、执行和控制；桑达姆（Samaddar，2006）指出知识创新是一项高成本活动，通过协同可以更好地实现知识创新，并对主从关系的知识协同进行了数量建模和分析；琳（Lin，2007）提出了一个基于标准语义网语言的 MSE 本体模型，可以帮助企业和多学科设计团队之间进行知识交流与交换；巴索尔和劳斯（Basole & Rouse，2008）从服务系统的价值共创角度考虑知识协同建模，认为服务经济中的价值是由顾客驱动和决定的，并在由价值参与者之间直接和间接关系构成的复杂网络中进行传播，本书研究的知识协同网络借鉴了这一复杂网络定义；纳古尼和强（Nagurney & Qiang, 2010）从定量方面构建了科研合作者跨学科的知识协同网络模型，并根据各种假设条件求出了最优解。

国内研究方面，樊治平、李丹等（2007）分别提出了知识协同的概念模型，他们都将知识协同视为以知识创新为目标任务的知识活动过程，知识协同过程涉及知识协同主体、知识协同媒介、知识协同客体与知识协同情境四要素，对这些要素进行深入研究有助于提高企业协同效应；崔林、宋瀚涛、陆玉昌（2005）为解决协同过滤推荐系统中所存在的可扩展性、稀疏性等问题带来的推荐性能下降，提出新的基于资源语义知识协同过滤算法，该算法综合考虑了资源语义和顾客评价的影响，改善基于资源协同过滤算法的性能，实验结果表明，基于资源语义的协同过滤算法相对于传统协同过滤算法可提高推荐性能；田锋和李人厚（2003）提出了基于知识的工作流方法，对协同设计的过程进行建模，基于知识的工作流方法采用可扩展的和可定制的知识模板对协作活动进行描述，满足了协作过程管理、资源管理和知识管理的需要，并对协同系统的设计知识和过程知识的重用性提供支持。此外，国内不少学者对知识协同进行了博弈分析，如刘勇军（2006）对供应链内企业非协同与协同情形下进行动态博弈分析，并得出不同协同策略的选择，决定了它们之间的分成比率，同时也决定了内部的交易价格和各自的利润总额；成桂芳、宁宣熙（2005）对虚拟企业内成员间知识协同行为进行了博弈分析，并根据模型对知识协同的条件进行了深入分析，并提出了相应策略。

　　根据学者们对知识协同概念的理解，我们可以看出知识协同
包含两方面主要因素：知识主体的行为和主体之间的关系。主体
具有一定的知识水平，根据知识水平的不同而呈现出一定的异质
性，本书中有顾客和企业员工两大类不对等的主体。主体间的关
系构成一个社会网络，网络结构和主体的策略行为会随着主体自
身条件和外界环境的变化而动态变化；然而已有的研究大多只讨
论了既定的知识协同模型，没有考虑微观主体的策略行为和网络
结构的变化对知识协同的影响，且多为科研合作者之间的知识协
同网络，并且主体是对等的，在研究不同主体知识协同方面的成
果不多。因此，亟需从新的研究视角以新的研究工具研究异质性
知识主体动态知识协同演化情况，而复杂网络是一种研究大型网
络结构行为及其演化规律的工具，可以对顾客—企业知识协同进
行动态研究。

2.4　复杂网络研究综述

　　复杂网络理论起源于 1967 年美国哈佛大学社会心理学家斯
坦利·米尔格兰姆（Stanley Milgram）通过社会调查提出的"六
度分离"现象。自 20 世纪 60 年代厄尔蒂斯（Erdbs）和阿尔弗
雷德·雷尼（Alfred Renyi）提出 ER 网络模型开始，复杂网络理
论开始应用于自然科学和社会科学等领域。此后的较长时间内，
该模型一直被用作研究复杂网络的基本模型。（Boccaletti，2006）。
然而，后期的研究中有大量实验数据统计表明，简单的 ER 随机
模型已经不能满足现实世界复杂的特征，真实的网络既不是规则

网络也不是随机网络，而是介于这两者之间，于是新的符合现实世界真实特征的网络模型相继被发现。1998 年 6 月，美国康奈尔大学理论和应用力学系的博士生沃茨（Watts）与其导师斯特罗加茨（Strogatz）教授发现了复杂网络的小世界特性并建立了 WS 小世界网络模型，该模型反映了社会网络的一种显著特性：较小的最短平均路径长度和较大的集聚系数。紧接着，美国圣母大学物理系教授巴拉巴斯（Barabás）及其博士生艾伯特（Albert）于 1999 年 10 月发现了复杂网络的无标度特性并建立了 BA 无标度模型，此后，复杂网络的研究在国内外得到快速发展，其研究的领域也从最初的统计物理学扩展到生物学、计算机科学等诸多其他领域，并取得许多突破性进展。复杂网络的研究内容也从最初的研究网络结构及其统计特性，到如今研究基于复杂网络的传播动力学、社团结构、故障、搜索、同步等内容。

复杂网络中的节点可以代表任何事物，例如，人际关系构成的复杂网络节点代表单独个体，万维网组成的复杂网络节点可以表示不同网页，知识网络中的节点可以代表知识单元或者知识主体，本书中的顾客—企业知识协同网络中的节点为知识主体，即顾客或者企业员工。

2.4.1 网络的表示方法

所谓网络是由节点和连线组成，这里的节点和连线是广义的，其中节点表示系统的元素，两节点的连线表示元素之间的相互作用。一个典型的网络是由许多节点与连接两个节点之间的一些边组成的，其中节点用来代表真实系统中不同的个体，而边则用来表示个体间的关系，连接规则是两个节点之间具有某种特定的关系则连一条边，反之则不连边，有边相连的两个节点在网络中被看作是相邻的。如果把不同知识系统的要素和关系抽象为节点和边，那么可以对各个层次的知识构建网络，从网络的角度对其进行建模和分析。所以，把知识系统中的"要素"和"关系"分别抽象成节点和边，就可以利用复杂网络理论构建知识系统模型，从而对知识网络进行定性度量和分析。

从统计物理学的角度来看，网络是一个由大量相互作用的个体组成的系统，而从图论的角度看，网络 $G(V, E)$ 是一个由节点集 V 和边集 E 构成的图，其中 $V = \{v_1, v_2, v_3, \cdots, v_n\}$，表示各个节点的集合，集合中的元素称为节点或顶点（vertexs 或 nodes），$E = \{e_1, e_2, e_3, \cdots, e_n\}$，表示节点之间边的集合，边集中的元素称为边或连接（edges 或 links），一条边连接两个点集中的元素，$e_{ij} = (v_i, v_j)$，E 集合中一条边连接着 V 集合中的两个节点。若 $e_{ij} = e_{ji}$，则称该网络为无向网络，否则称其为有向网络。如果赋予每条边相应的权值，那么就称该网络为加权网络，否则称为无权网络，也可以将无权网络看作每条边边权为 1 的等权网络。V 中的元素个数和 E 中的元素个数分别称为网络的阶（order）和边数（edge）。图可以用来表示所有类型的网络，其中，节点可以代表各种类型的网络元素，例如人、城市、知识单元、企业、团体、城市等；而连接可以代表各种关系，例如合作关系、友谊、联盟等。在本书中，网络节点表示顾客或者企业员工，节点间的连线表示相邻节点间的知识协同关系。图 2.2 为含有 5 个节点 4 条边的一个无向网络图，点集为 $V = \{1, 2, 3, 4, 5\}$，边集为 $E = \{\{1, 2\}, \{1, 5\}, \{2, 3\}, \{2, 5\}\}$。

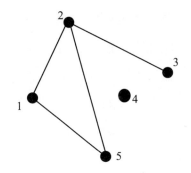

图2.2　一个含有五个节点的无向网络

2.4.2　复杂网络测度指标分析

（1）度和度分布（degree and degree distribution）。

度（degree）是单独节点的属性中简单又重要的概念。节点 i 的度 k_i 定义为与该节点相连接的边的数目，直观上看，一个节点的度越大就意味着这个节点在某种意义上越"重要"。有向网络中一个节点的度分为出度（out-degree）和入度（in-degree）。出度是指从该节点出发连向其他节点的边的数目；入度是指从其他节点出发连向该节点的边的数目。博莱蒂卡（Boccaletti et al.，2006）用 $\langle k \rangle$ 来表示网络中所有节点 i 的度 k_i 的平均值，用分布函数 $p(k)$ 来描述网络中节点的度分布情况，表征网络系统宏观统计特征，$p(k)$ 表示随机选定一个节点，其度恰好为 k 的概率分布。

完全随机网络具有类似 Poisson 分布的度分布函数，即：

$$P(k) = \frac{\lambda^k e^{-\lambda}}{k!} \tag{2.1}$$

度具有一个特征值 $\langle k \rangle$，在 $\langle k \rangle$ 存在一个尖峰，两边呈下

降趋势，而 $k \gg \langle k \rangle$，即度远远大于特征度的节点一般不存在（见图 2.3a）。然而，在多数现实情况中，随机网络节点度分布不能反映现实，一般网络的度分布都向右倾斜偏离泊松分布，具有尾部度数的节点要远远多于靠近 $\langle k \rangle$ 的节点。大量现实网络可以用幂律函数表示，即 $p(k) \propto k^{-\gamma}$（见图 2.3b），其中 γ 一般在 $2 \sim 3$，幂律分布也称为无标度（scale-free）分布（汪小帆等，2006），一般采用累计度分布函数（cumulative degree distribution function）表示：

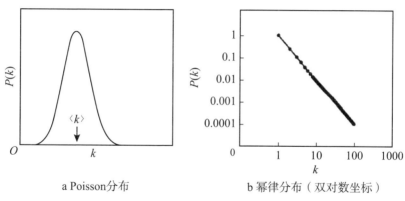

a Poisson分布   b 幂律分布（双对数坐标）

图 2.3　两种分布对比

$$P_k = \sum_{k'=k}^{\infty} P(k') \tag{2.2}$$

若 $p(k) \propto k^{-\gamma}$，即度分布服从幂律分布，则其累积度分布函数为：

$$P_k \propto \sum_{k'=k}^{\infty} k'^{-\gamma} \propto k^{-(\gamma-1)} \tag{2.3}$$

具有幂律分布的网络累积度分布的幂指数为 $\gamma - 1$，若度分布为指数分布（$P(k) \propto e^{-k/\zeta}$）的累积度分布也属于指数型，累积度分布函数如下：

$$P_k \propto \sum_{k'=k}^{\infty} e^{-k'/\varsigma} \propto e^{-k/\varsigma} \qquad (2.4)$$

根据以上对幂律分布的分析，本书从相关文献中整理出 6 个不同网络的累积度分布曲线，如图 2.4 所示，幂律分布在双对数坐标中呈直线形式，指数分布在半对数坐标下呈直线形式。

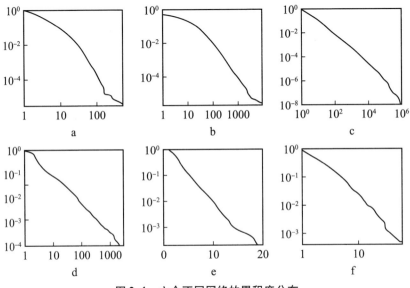

图 2.4　六个不同网络的累积度分布

资料来源：取自文献（Newman，2003）。

图 2.4 中，a 为数学家协作网络；b 为 1981～1997 年被 Institute for Scientific Information 收录的文献引文；c 为万维网的一个含 3 亿个节点的子网；d 为自治层的互联网；e 为美国西部电力网；f 为蛋白质互交互作用网络。由图中六条曲线的形状及坐标系特征可知，c、d 与 f 近似呈幂律分布，b 只在末尾呈幂律形式，e 近似服从指数分布，a 像两种幂律分布曲线的组合（Newman，2003）。

（2）平均最短路径（average path length）。

网络中两个节点 i 和 j 之间的距离 d_{ij} 定义为连接这两个节点的测地线的条数（也称最短路径）（Boccaletti et al.，2006），最短路径对于网络中的沟通和传输起了重要作用，网络中任意两个节点之间距离的最大值称为网络的直径（Diameter），记为 D，即：

$$D = \max_{i,j} d_{ij} \qquad (2.5)$$

网络的平均最短路径长度 L 定义为任意两个节点之间最短路径的平均值，即：

$$L = \frac{1}{\frac{1}{2}N(N+1)} \sum_{i \geqslant j} d_{ij} \qquad (2.6)$$

其中 N 为网络包含的节点数，平均路径长度 L 中包含了节点到自身的距离，为了便于数学处理，通常将其设定为 0，若不考虑节点到自身的距离，那么要在公式（2.6）的右端乘以因子 $(N+1)/(N-1)$，在实际应用中，这种细小的差别通常可以忽略不计。但是如果网络不连通，则 L 将为无穷大，为了解决这个问题，可以定义效率 E：

$$E = \frac{1}{\frac{1}{2}N(N+1)} \sum_{i \geqslant j} \frac{1}{d_{ij}} \qquad (2.7)$$

（3）集聚系数（degree and degree distribution）。

集聚系数，也称为传递性（Boccaletti et al.，2006），是关系网络的一个典型性质，即有共同朋友的两个人更容易相互认识，一般地，假设网络中有 k_i 条边和节点 i 相连，这 k_i 个节点即为节

点 i 的邻居，这 k_i 个节点之间最多可能存在 $k_i(k_i-1)/2$ 条边，将这 k_i 个节点之间实际存在的边数与节点之间最大可能连接的边数 $k_i(k_i-1)/2$ 的比值定义为节点 i 的集聚系数 C_i，即：

$$C_i = \frac{E_i}{k_i(k_i-1)/2} = \frac{2E_i}{k_i(k_i-1)} \qquad (2.8)$$

所有节点 i 的集聚系数 C_i 的平均值就是整个网络的集聚系数 C：

$$C = \frac{1}{N}\sum_{i=1}^{N} C_i \qquad (2.9)$$

由式（2.9）可得，$0 \leqslant c_i \leqslant 1$ 且 $0 \leqslant C \leqslant 1$；$C=0$ 对应空网络；$C=1$ 对应全连接网络，C 值的大小反映了网络的集群化程度。从网络的传递性角度分析，可将上式等价定义为：

$$T = \frac{与节点\ i\ 相连的三角形的数量}{与节点\ i\ 相连的三元组的数量} \qquad (2.10)$$

其中，与节点 i 相连的三元组是指包括节点 i 在内的三个节点，并且至少存在从节点 i 到其他两个节点的两条边，如图 2.5 所示。

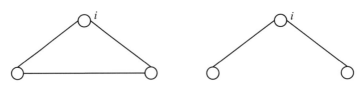

图 2.5　三元组的两种可能形式

（4）度相关性（degree correlation）。

现实网络的另一个重要的特征是度相关性，也称为匹配模式，刻画不同节点之间的连接关系，即节点是趋向于同度数高的节点连接还是低的节点连接。度为 k 的节点连接到度为 k' 的节点的概率依赖于 k，在这种情况下，引入条件概率 $p(k'/k)$

来表示建立此连接的可能性，且 $p(k'/k)$ 满足标准化条件 $\sum_{k'} p(k'/k) = 1$ 和精细平衡条件 $kP(k'/k)P(k) = k'p(k'/k)p(k')$，对于度不相关的网络，$p(k'/k)$ 的大小不依赖于 k，此时的精细平衡条件和标准化条件都为 $P(k'/k) = k'p(k')/\langle k \rangle$（Boccaletti et al.，2006）。

在关联网络中，如果度大的节点倾向于和度大的节点连接，则称网络是正相关的，否则为负相关。网络中节点的相关程度用皮尔逊相关系数 r 来测度（Newman，2002），如式（2.11）：

$$r = \frac{M^{-1} \sum_{i=1}^{M} \lambda_i \sigma_i - [M^{-1} \sum_{i=1}^{M} 1/2(\lambda_i + \sigma_i)]^2}{M^{-1} \sum_{i=1}^{M} 1/2(\lambda_i^2 + \sigma_i^2) - [M^{-1} \sum_{i=1}^{M} 1/2(\lambda_i + \sigma_i)]^2}$$

$$(2.11)$$

其中 M 为总边数，λ_i 与 σ_i 表示连接第 i 条边的两个节点的度数，此方法得出的是一个唯一数，在同类混合网络下 r 为正，异类混合网络下 r 为负，且有 $-1 \leqslant r \leqslant 1$。如果 $r < 0$ 网络是负相关的，亦即异类匹配；如果 $r > 0$ 网络是正相关的，亦即同类匹配；$r = 0$ 时，网络是不相关的。

2.4.3 几种典型的复杂网络模型

半个多世纪以来，学者们一直在探索运行在社会网络背后的机制，试图从理论上构造出符合现实世界特征的网络模型，以便对社会网络及其上的动力学做数学解析，其中经典的模型有以下几种：

（1）规则网络。

一种对规则网络的通俗描述是：把一维链、二维正方晶格等形状的网络称为规则网络，其中的晶格具有平移对称性，每个晶格具有相同的邻居数。近邻网络和全连接网络是研究人员经常使用的两种典型规则网络。

如图 2.6a 所示的近邻网络，由 $N=12$ 个节点组成，每个节点都与最近的 $K=4$ 个节点连接，并具有相同的度和集聚系数。网络的度分布服从 δ 分布，即 $P(k)=\delta(k-K)$，网络的集聚系数很高，$C\approx3/4$，最短路径也很大，$L\approx N/2K(N\to\infty)$。如图 2.6b 所示的全连接网络，集聚系数为 1，最短路径也为 1，但是边数为 $N(N-1)/2$，与现实世界中的稀疏网络不相符。

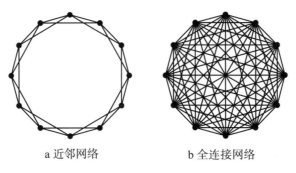

a 近邻网络　　　　　b 全连接网络

图 2.6　规则网络

（2）ER 随机网络。

与规则网络相对的另一个极端是随机网络，其中一个典型的模型是埃尔德什和雷尼（Erdos、Renyi，1960）于 1960 年提出的 ER 随机网络。假设在有 N 个节点的网络中，任意两个节点以概率相连，则最后的边数约为 $pN(N-1)/2$。以网络的阶数 $N=10$

为例，不同概率下的 ER 图如图 2.7 所示。

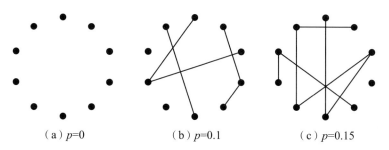

（a）p=0　　　　　　　（b）p=0.1　　　　　　（c）p=0.15

图 2.7　不同概率时的 ER 网络模式

ER 随机网络中任何一个节点都以概率 p 与其他 $N-1$ 个节点相连，所以平均度可表示为：

$$\langle k \rangle = p(N-1) \approx pN \tag{2.12}$$

对于充分大的 N，由于每条边的出现与否都是独立的，ER 的度分布为二项分布，任意一个节点 i 有 $k = k_i$ 条边的概率为（Boccaletti et al.，2006）：

$$p(k_i = k) = C_{N-1}^k p^k (1-p)^{N-1-k} \tag{2.13}$$

对固定的 $\langle k \rangle$，当 $N \to \infty$ 时，度分布为 Poisson 分布：

$$P(k) = e^{-\langle k \rangle} \frac{\langle k \rangle^k}{k!} \tag{2.14}$$

此外，ER 图的平均最短路径为 $L_{ER} \propto \ln N / \ln \langle k \rangle$；集聚系数为 $C_{ER} = p = L_{ER} \propto \langle k \rangle / N \ll 1$，这意味大规模的 ER 随机网络集聚系数几乎为 0，即没有聚类性。

（3）WS 小世界模型。

随着大量数据的产生和计算机的应用，人们发现 ER 模型与现实世界里的真实网络模型相差甚远。规则网络具有较大的集聚系数，但是最短路径太大；随机网络路径最短但是没有聚类特性，因此真实的网络既不是规则网络也不是随机网络，而是介于两者之间的一种网络，这一类网络被称为"小世界网络"。最早的网络模型 WS 小世界模型是沃茨和斯特罗加茨于 1998 年提出的，其构造从规则网络开始，以重连概率 p 随机化重连其中的边，并由完全规则网络过渡到完全随机网络，具体算法分为两个步骤：

①以规则网络开始：从一个含有 N 个节点的规则网络开始，每个节点通过无向边连到最近的 k 个邻居节点上（每边各含有 $k/2$ 个邻居节点），为了使网络具有稀疏性，要求满足条件：$N \gg k \gg \ln(N) \gg 1$，为了说明具体情况，此处令 $N=20$，$k=4$；

②随机化重连：按顺时针方向，选出一个节点以及这个节点与一阶邻居节点的一条边，以概率 p 重连到其他节点，目标节点在整个网络中以同样的概率选出，排除自连接和重连接。处理完所有节点为一次循环，下一轮重连对象为二阶邻居节点的边，重连方法同上，所有边都被处理过后，停止循环。连接概率 p 由 0 变为 1 的过程中，网络结构的变化如图 2.8 所示，其中概率为 0 时得到的是规则网络，概率为 1 时得到的是随机网络：

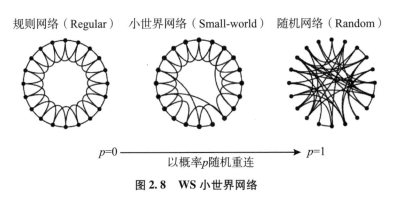

图 2.8　WS 小世界网络

资料来源：《管理科学》。

重连产生的边称为捷径（shortcut），重连过程大约可以产生 $pNK/2$ 条捷径，我们可以把集聚系数 $C(p)$ 和最短路径 $L(p)$ 看成是概率 p 的函数，当 $p=0$ 时，聚集系数 $C(0)\approx3/4$，平均最短路径长度 $l(0)=N/2K\gg1$；当 $0<p\ll1$ 时，聚集系数变化不大，即 $C(p)\propto C(0)$，但 l 减小比较快，即 $l(p)\ll l(0)$。规则网络（$p=0$）具有较高的集聚系数，但是最短路径也很大，ER 随机网络（$p=1$）的最短路径固然小，但是不具备集聚特性。而现实世界中的复杂网络往往同时具有较大的集聚系数和较小的最短路径，和小世界的特性刚好吻合。图 2.9 给出了 $C(p)/C(0)$ 和 $L(p)/L(0)$ 随 p 变化的情况，由此可见，当概率 p 增大时，集聚系数的下降幅度很小（$C(p)\propto C(0)$），但是由于捷径的存在，使得最短路径迅速下降（$L(p)\ll L(0)$）。

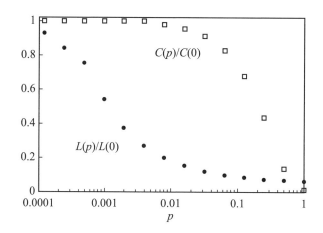

图 2.9 **最短路径和集聚系数与重连概率的关系**

资料来源：《管理科学》。

由于 WS 小世界模型的随机重连过程可能破坏网络的连通

性，造成网络中有节点孤立的现象，因此，纽曼和沃茨于 1999 年在 WS 模型的基础上做了一定的改进，用随机化加边的形式取代 WS 模型中的随机化重连，此模型被称为 NW 小世界模型。其构造方法为：

①以规则网络开始：从一个含有 N 个节点的规则网络开始，每个节点通过无向边连到最近的 k 个邻居节点上；

②随机化加边：所有节点在此基础上再增加一定数量的连接，以概率 p 在随机选取的一对节点之间添加边，并排除自我连接和重复连接。当 $p=0$ 时对应于原来的规则网络，当 $p=1$ 时对应于全连接网络，当 p 足够小，N 足够大时，两种模型的本质一样。用此方法最终得到的 NW 网络具有与 WS 模型一致的性质：高聚类和短路径。小世界模型的一些统计性质如下所示：

WS 小世界网络的集聚系数为：

$$C(p) = \frac{3(k-1)}{2(2k-1)}(1-p)^3 \tag{2.15}$$

NW 小世界网络的集聚系数为：

$$C(p) = \frac{3(k-1)}{2(2k-1)+4kp(p+2)} \tag{2.16}$$

小世界网络的平均最短路径为：

$$L(p) = \frac{2N}{k}f(nkp/2) \tag{2.17}$$

其中 $f(u)$ 为一普适标度函数，满足条件：

$$f(u) = \begin{cases} constant, & u \ll 1 \\ (\ln u)/u, & u \gg 1 \end{cases} \tag{2.18}$$

纽曼（2003）等基于平均场方法给出的 $f(u)$ 近似表达式如下：

$$f(x) \approx \frac{1}{2} \frac{1}{\sqrt{x^2+2x}} \mathrm{arctan}h \sqrt{\frac{x}{x+2}} \qquad (2.19)$$

类似于 ER 随即网络，WS 小世界模型的所有节点的度也有近似相等，属于均匀网络。

（4）BA 无标度网络。

近年来复杂网络研究中的另一个重要发现是网络的无标度（scale-free）特性。1999 年美国圣母院大学物理系的巴拉巴斯教授和他的博士生艾伯特在分析大量真实网络数据的基础上提出了 BA 无标度网络模型，该模型的提出主要基于现实网络生成的两种重要特性：增长（Growth）和择优连接（Preferential Attachment）。增长特性是指随着时间的推移，网络的规模是不断扩大的，因为几乎所有的网络都是开放的动态系统，网络中的节点不断增加，例如 www 和科学引文网中每天都会有大量新节点加入。择优连接特性是指与度数小的节点相比，新增节点更倾向于连接到度数较大的节点上，例如在当我们浏览 www 网页时，更倾向于那些访问量大的、广为人知的网站；演员合作网络中，新演员更倾向于同工作经验丰富、出演过很多电影的老演员合作；新发表的论文也比较倾向于引用那些被广泛引用的经典文章，诸如此类的现象称为"富者更富"（Rich Get Richer）或者"马太效应"（Matthew Effect）。BA 无标度网络模型构造方法具体如下：

①从一个具有 m_0 个节点的网络开始，每个时间步，加入一个新的节点并与已有的 m 个老节点建立连接（$m \leqslant m_0$）；

②择优连接：即新加入的节点与已经存在的节点 i 之间建立一条边的概率正比于节点 i 的度 k_i，设连接概率为 $\prod_i$，则

$$\prod_i = \frac{k_i}{\sum_j k_j} \qquad (2.20)$$

显然，i 的度数 k_i 越大，新节点与其建立连接的概率越大，这体现了"择优"特点。经过 t 个时间步后，该算法产生一个具有 $N = m_0 + t$ 个节点，mt 条边的网络。

BA 无标度网络比较真实地刻画了现实复杂系统中增长和择优的特性，图 2.10 为用 NetLogo 生成的节点为 200 的无标度网络。利用平均场近似理论，可以得到网络的度分布为：

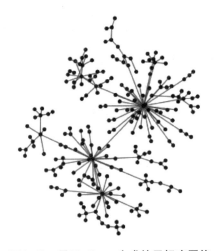

图 2.10 用 NetLogo 生成的无标度网络

$$P(k) = \frac{\partial P[k_i(t) < k]}{\partial k} \qquad (2.21)$$

当 $t \to \infty$ 时有

$$P(k) = \frac{2m^2}{k^3} \qquad (2.22)$$

可见，网络度分布服从幂律分布，幂指数 $\gamma = 3$，与 m 无关。

BA 网络的集聚系数 C 为：

$$C = \frac{m^2(m+1)^2}{4(m-1)}\left[\ln\left(\frac{m+1}{m}\right) - \frac{1}{m+1}\right]\frac{[\ln(t)]^2}{t} \qquad (2.23)$$

BA 网络的平均最短路径为：

$$l \propto \frac{\log N}{\log\log N} \qquad (2.24)$$

由此可以看出，BA 网络具有较小的平均最短路径，而当网络规模足够大时，不具备显著的集聚特性。表 2.6 为上述几种复杂网络主要拓扑特性。

表 2.6　　　　　　　　　　复杂网络主要拓扑特性

特征参数 网络类别	平均距离	集聚系数	度分布
规则网络	大	大	δ 函数
随机网络	小	小	泊松分布
WS 小世界网络	小	大	指数分布
BA 无标度网络	小	小	幂律分布
大部分真实网络	小	大	近似幂律分布

（5）实际网络统计特性。

复杂网络的研究对象极为广泛，涉及各种不同领域的网络，具有包括社会网络、信息网络、生物网络等几个大类网络。在 WS 小世界网络模型和 BA 无标度网络模型提出以后，学者们根据实际数据对大量现实网络的结构特征进行了实证分析，并得出一定的研究成果，表 2.7 为各类实际网络的部分统计数据。

表 2.7 各类实际网络的部分统计数据

网络		类型	N	M	$\langle k \rangle$	l	κ	C	r
社会领域	电影演员	无向	449913	25516482	113	3.48	2.3	0.78	0.208
	公司董事	无向	7673	55392	14.4	4.6	—	0.88	0.276
	数学家合作	无向	253339	496489	3.92	7.57	—	0.34	0.120
	电话呼叫图	无向	47000000	80000000	3.16				
	电子邮件	有向	59912	86300	1.44	4.95	1.5/2.0	0.16	
	学生关系	无向	573	477	1.66	16	—	0	−0.029
信息领域	WWW	有向	269504	1497135	5.55	11.3	2.1/2.4	0.29	−0.067
	引用网络	有向	783339	6716198	8.57		3.0/—		
	罗氏词典	有向	1022	5103	4.99	4.87	—	0.15	0.157
	单词搭配	无向	460902	1.7E+07	70.1		2.7	0.44	
技术领域	Internet	无向	10697	31992	5.98	3.31	2.5	0.39	−0.189
	电力网	无向	4941	6594	2.67	19	—	0.08	−0.003
	铁路网	无向	587	19603	66.8	2.16	—	0.69	−0.033
	软件包	有向	1439	1723	1.2	2.42	1.6/1.4	0.08	−0.016
	电子电路	无向	24097	53248	4.34	11.1	3	0.03	−0.154
	点对点网络	无向	880	1296	1.47	4.28	2.1	0.01	−0.366
生物领域	蛋白质网络	无向	2115	2240	2.12	6.8	2.4	0.07	−0.156
	海洋食物网	有向	135	598	4.43	2.05	—	0.23	−0.263
	淡水食物网	有向	92	997	10.8	1.9	—	0.09	−0.326
	神经网络	有向	307	2359	7.68	3.97		0.28	−0.226

资料来源:《纽曼论文期刊》。

表2.7中 N 表示网络的节点总数,M 表示网络中边的总条数,l 为最短平均路径,$\langle k \rangle$ 为平均度,κ 为幂指数(如果服从

幂律分布），C 为集聚系数，r 为度相关性系数。从表 2.7 中可以看出实际复杂网络的一些统计特性，如大部分平均最短路径都小于 6，这同美国哈佛大学社会心理学教授 Stanley Milgram 通过社会调查提出的"六度分离（sixdegrees of separation）"现象一致，亦即"小世界效应"；集聚系数基本小于 0.7；社会网络的度相关性系数为正，而生物网络、信息技术网络等为负。这些实证研究结果对于以后的网络构造算法的研究具有重要意义。

2.4.4　复杂网络的知识传播动力学分析

自 WS 模型提出以来，有关复杂网络的研究及应用得到迅速发展，并在传播方面取得很多研究成果。国外研究方面，里根（Reagans，2003）根据网络结构的两种不同特征—凝聚性和多样性，探讨了网络结构对知识转移的影响，结果显示这两种特征都促进知识转移。科万和约纳德（Cowan & Jonard，2004）研究了复杂网络上的知识流动和创新传播，并提出知识互动规则的四条前提假设：主体的知识是连续的，可计算的；主体间存在知识差异，且接受方低于传送方水平，类似于交易中的"物物交换"；两主体间的知识相关性过小会导致知识转移效率降低；接收方有机会超越传送方，并创造新知识。得出的结论是，小世界网络具有最高的知识传播效率，但知识差异也最大。基姆与帕克（Kim & Park，2009）研究了网络结构对知识转移绩效的影响，模型中考虑了知识的非线性增长、主体对知识的遗忘与主体的干中学三个特性，即知识的增长有内部创新和知识转移两种途径，并提出了知识转移的两个条件：外部知识交换所得大于内部创新（考虑了主体受到的时间约束，要在独自创新和外部交换之间进行取舍）；双方互为需要，即各有优势，研究结果表明在动态研发合作网络中小世界结构是最有效和公平的。弗里奇（Fritsch，2010）研究了区域创新网络中网络结构对知识转移的影响，网络结构强烈地影响着协同世界中思想和态度的传播，并且对企业的投资战略有重要影响，从系统结构决定功能的角度看，研究网络结构意义重大。

国内研究方面，基于经典复杂网络构造算法，李金华等（2006）以柯布—道格拉斯生产函数来表示知识水平的增长。杨铭和薛惠峰（2006、2009）通过仿真得出，在小世界网络模型下知识的传播速度和平均知识水平比其他网络模型有明显优势，进而在非正式团体知识交互网络的描述与分析中提出利用"小世界"的平均路径长度和聚类系数来表征非正式团体知识交互网络中的交互频繁度和交互聚集度的思想；林敏和李南等（2009）对无标度网络、小世界网络、规则网络和随机网络四种典型网络上的知识转移过程进行了模拟，经过比较发现，无标度网络具有明显的结构特性优势，能够提升知识转移的效果。

然而这些研究没有涉及不同类型的知识主体，且科万（2004）模型中"物物交换"的严格假定在实际中是不存在的。知识之所以能在不同的主体之间传播，是由于主体之间存在知识的差异，因此有关学者借用物理学中势能的概念来定义个体拥有的知识（齐丽云等，2008），本书借鉴了这一研究成果，将知识势能引入知识协同模型中。基于以上分析，本书针对顾客特点，根据知识异质性等条件对顾客进行分类，并从复杂网络的视角研究顾客参与，用知识协同模型模拟顾客与企业之间的知识协同行为；将

"物物交换"的假定改为基于知识势能差的知识协同，并根据知识
的贬值性特征引入遗忘率对科万的模型进行修改，构造出顾客—
企业的知识协同模型，并对顾客和企业员工的知识协同效果分别
进行了衡量。

2.4.5 复杂网络上的演化博弈

博弈论（Game Theory），又称为对策论，是对智能主体之间
冲突与合作的数学模型的研究，它为分析那些涉及两个或多个参
与者且其决策会影响相互之间的利益提供了一般的数学方法。博
弈涉及参与主体、主体的策略空间、收益矩阵、策略更新等几个
方面。在复杂网络上演化博弈假定主体之间的作用关系可用网络
上的连接来表达。在每一轮中主体根据同一个博弈模型进行交互
作用，并采取统一的演化规则进行策略的更新，因此，复杂网络
演化博弈包括网络结构、博弈模型和演化规则三个要素。自从
1992 年诺瓦克和梅（Nowak & May，1992）在规则二维空间网格
上研究囚徒博弈困境后，空间博弈研究吸引了不同学科的研究者
广泛关注，网络上大量的博弈研究得以展开，包括在规则网络上
的博弈和复杂网络上的博弈。

在诺瓦克和梅的模型中，参与主体被置于一个 2 维网格上，
每一轮主体与近邻进行囚徒困境博弈，其收益是与所有邻居进行
博弈后的收益总和；在下一轮格点会被上一轮收益最高的邻居侵
占，并假设主体没有记忆，模拟结果显示，演化系统呈现出混沌
和变化的空间图案，网络中的合作和与不合作现象共存，并不断
交替。随着 WS 模型和 BA 模型的提出，在此基础上的演化博弈

相继得到关注。2001年艾布拉姆森和库珀曼（Abramson、Kuperman，2001）研究了小世界网络上的囚徒博弈行为，他们采取确定性的演化规则——主体模仿邻居中收益最高者的策略，并研究了博弈行为从规则网络到小世界网络的转变，研究发现重连概率与合作涌现程度有明显的关联性，网络平均度和重连概率在某些范围内能够促进合作，在另一些情况下则会抑制合作。吴等2005年发现了小世界网络上博弈中合作水平的非单调现象；帕切科和桑托斯（Santos、Pacheco，2005）研究了BA无标度网络模型上的演化博弈，研究发现无标度网络提供了一个支持合作的统一框架，在囚徒困境和雪堆博弈的整个参数域上，合作水平均较高；陈小杰等（2007）研究了社区结构网络上的囚徒困境博弈，发现当网络的连接总量不变时减小社区内的连接数量能促进合作。

之前所述都是基于静态网络的，而动态网络上的演化博弈亦受到广泛关注。著名的模型有兹默曼（Zimmermann等，2004）等提出的社会网络和个体策略的共生演化模型，初始时将主体置于随机网络中，存在连接的主体因发生囚徒博弈而获得收益，在相邻区域中收益较低的主体会按照学习最优的策略更新规则和自身策略，如果更新策略的主体变成不合作者，那么它将以一定概率断开与被模仿者之间的连接，并连向一个随机选择的主体；随着时间的演化，网络中出现高度数节点，并且这些节点被合作者占据，情况类似于静态BA模型上的演化博弈。沃茨和皮特汉斯（2004）等研究了网络结构随主体策略行为改变而动态变化时的群体合作行为涌现问题，主体不仅通过模仿他们所能够观察到的最高收益主体的策略行为进行学习，还会通过比较成本和收益而有选择地建立和删除边，其中增边需获得双方认可，而删边只基于单方意愿，由此带来的网络结构改变进一步影响着主体的策略行为。研究发现，结构的引入有助于提高合作水平，且关联成本和稀疏的网络对合作水平的提高有正效应。

复杂网络理论的蓬勃发展，为描述现实的群体结构提供了方便的框架结构。但在研究网络上的演化博弈过程中，由于学习邻居的方式、策略更新动力学的选取、策略更新时间的同步性或异步性、初始分布状态的不同等因素的存在，没有一个普遍的结果。

2.5 知识网络

知识直接促进企业创新（周、李，2012）；塞弗特等（Seufert et al.，1999）设定了知识网络三要素的动态框架：行为者、关系和社会资本属性，指出行为者可以通过知识转移和创造过程实现价值共创。贾文帕和马尔丁（Jarvenpaa & Tanriverdi，2003）从分析的角度将知识网络定义为由行为主体之间联系形成的网络，并研究了在知识网络中，企业可以通过交流获得新的知识，增加自身的知识存量。基于这一定义，许多学者研究了科研人员、科研团体和企业之间的知识合作网络，以及知识在不同主体之间的流动和传播（Cowan & Jonard，2004；Newman，2003）。基姆和帕克（2009）用模拟模型分析了知识创新与网络合作之间的关系；马苏迪普尔（Maghssudipour，2020）建立了一个多网络方法来研究知识交流和创新，并研究了集群企业之间的社会、经济和多重联系。

布伦内克等一些学者研究了知识网络与创新绩效之间的关系（Brennecke，2017）。英克朋（Inkpen，2005）研究了资本的三个维度如何影响知识网络参与者之间的知识转移。基于社会资本理论有结构、认知和关系三个维度，本研究梳理了以下三个方面的文献。

（1）结构维度。杰克森和沃茨（Jackson、Watts，2002）提出了结构决定功能，菲尔普斯等（Phelps et al.，2012）提出了网络结构通过知识共享、扩散和协同作用直接或间接地影响创新绩效。里根和麦克维利（Reagans、McEvily，2003）探讨了网络结构（凝聚力和多样性）对知识转移的影响，显示这两个特征都能促进知识转移。麦克法迪恩等（McFadyen et al.，2009）发现强健的连接性和创新绩效之间存在倒 U 型关系，弗里奇、考菲尔德 – 蒙兹（Fritch、Kauffeld – Monz，2010）研究了网络结构对区域创新网络中知识转移的影响。纳杰菲·塔瓦尼（Najafi·Tavani et al.，2018）研究的一项实证研究发现，在存在知识吸收能力的情况下，基于知识的协同创新网络在企业产品和流程创新绩效中发挥着重要作用。还有一些学者在考虑网络重连概率的 WS 小世界研究中加入了网络的 BA 无标度属性，并进行了模拟，结果显示小世界网络的知识转移绩效最高（平均知识存量最高），知识方差最小。学者们从不同角度研究了知识网络结构与企业创新绩效的关系，但都没有得出相同的结论，甚至有时得出相反的结论，这为本书的研究提供了一个切入口。

（2）认知维度。由于个体有不同的认知，他们会采取不同的合作策略。有学者研究了当代理人之间的网络结构随着代理人战

略行为的变化而动态变化时，群体合作行为的出现；建模的主要
思路是，代理人不仅会模仿邻居的策略，也就是他们能观察到的
最有利的策略（沃茨等，2007），还会通过计算和衡量成本和收
益，选择性地增加或删除边缘（洛等，2015），由此产生的网络
结构变化将进一步影响代理人的战略行为。在此基础上，珊等人
研究了一个基于局部偏好链接机制和偏好删除机制的知识网络演
化模型，里斯科维克等（Leskovec et al.，2008）基于最大似然
原理，研究出网络形成的多种策略，结论表明，边缘定位在网络
演化中起着关键作用。刘和马（2012）在其基于复杂网络方法的
模拟模型中，将基于学位和基于时间的优化作为知识共享网络演
化的驱动力。乔木理和乌丁（Choudhury、Uddin，2016）研究发
现，与传统的网络拓扑结构和随时间变化的网络结构关系相比，
监督学习策略可以获得更好的知识共享性能。这些研究为解决利
润问题作出了贡献，但他们很少考虑合作战略演变中的知识代理
人的异质性。

　　（3）关系维度。本研究将关注关系维度的信任方面，布拉克
等（Brachos et al.，2007）认为信任是影响不同成员之间知识转
移和创新的关键因素。当信任嵌入网络成员之间的关系中时，成
员可能更愿意分享有价值的知识，并接受知识溢出到竞争对手的
风险（伦兹，2008b）。拉玛沙朱等（Ramasamy et al.，2006）认
为，信任在组织间的知识共享中起着重要作用，它与合作创新的
质量呈正相关。然而，巴克等（Bakker et al.，2006）通过关注
信任在知识共享中的作用，发现信任对知识共享的解释很差，尤
其是对长寿的团队。他们的研究结果证实，网络结构和认知对一
个人分享知识的意愿有很大的帮助；但是，信任对分享知识的意

愿没有直接影响。可见，信任对知识共享和创新的影响还不清楚，依然存在研究空白。

综上所述，目前的研究为顾客参与创新奠定了一定的基础，但仍存在一些局限性。一方面，从研究角度来看，大部分研究都是从顾客参与的前因、方法、影响因素等方面展开的。一些学者从知识的角度研究顾客参与，但实证研究不多。另一方面，从研究方法来看，大多数研究者主要对顾客参与对企业创新的影响进行静态定性研究。由于顾客和企业的知识是不断增长和变化的，动态演变分析的方法更适合定量研究（见表 2.8）。而对于基于社会资本理论的知识转移，也有一些研究（见表 2.9），但没有考虑到顾客参与的因素，而且对结构、战略、信任的作用结论不一，甚至相反，社会资本的作用机制也不清楚，这些都是亟待解决的研究空白点，本书主要关注前两个方面的问题。

表 2.8　　从顾客参与创新和知识网络两个角度的相关文献回顾

研究路线	研究人员	处理的问题	挑战
客户参与创新	Zhang, Z.; Tan, Y. (2003)	通过完全信息动态博弈分析实现客户知识共享的条件。在提供中只有一个企业和一个客户	它们主要是关于概念模型和静态行为，对动态机制的考虑很少
	Kellogg, D. L.; Youngdahl, W. E.; Bowen, D. E. (1997)	从顾客参与价值链的角度来看，顾客参与的不同维度	
	Lin, W. T.; Shao, B. B. M. (2000); Prahalad, C. K.; Ramaswamy (2000)	客户参与链模式和重要的增值活动	

续表

研究路线	研究人员	处理的问题	挑战
客户参与创新	Ennew, C. T.; Binks, M. R. (1999)	它从客户与企业互动的角度确定了客户参与的三个维度, 其中之一是客户与服务员工的信息共享	它们主要是关于概念模型和静态行为, 对动态机制的考虑很少
	Lundkvist, A.; Yakhlef, A. (2004); Alam, I. (2002) Ulwick, A. W. (2002)	从理论或经验的角度看顾客参与对企业绩效的影响	
	Matthing, J.; Sanden, B.; Edvardsson, B. (2004)	客户参与的方法	
知识合作的研究方法	Li, L. 等 (2020)	建立了一个关系矩阵, 提出了一个传输加权的复合网络	以前的研究大多不考虑主体的策略行为或网络结构变化的影响, 而且主体是同质的
	Olaisen, J.; Revang, O. (2017)	当管理者和员工在网上工作得更高效和更环保时, 他们会更满意, 并提供更好的解决方案	
	Dousset, B. (2005)	提出了一个复杂的知识网络模型, 将复杂的网络方法应用于知识网络的研究, 并使用计算机模拟来实现这个模型	
	Yang, B. (2007)	提出了网络结构和代理战略行为的动态耦合模型 (STC)	
	Hao, J. 等 (2020)	通过门槛面板数据模型研究了基于知识的网络结构与企业短期和长期创新绩效之间的非线性关系	
	Kim, H.; Park, Y. (2009); Nagurney, A.; Qiang, Q. (2010); Wang, J. (2016)	知识协同网络模型对知识传播绩效的影响	

表 2.9 社会资本对知识创新影响的文献

研究路线	研究人员	处理的问题	挑战
结构效应	Reagans & McEvily，2003	探讨了网络结构（凝聚力和多样性）对知识转移的影响，表明这两个特征都能促进知识转移。结果表明，这两个结构因素都能促进知识转移	静态和同质化的主体
	Zhang & Chen，2021	在此基础上，通过计算机模拟分析了小世界和无标度拓扑结构中节点凝聚和弱连接对知识共享的影响。结果显示，在一个具有无标度拓扑结构的创新网络中，凝聚力和弱连接对平均知识水平和知识均衡有很大影响	主体是同质的
策略效果	Hanaki 等，2007	当代理人之间的网络结构随着代理人战略行为的变化而动态变化时，群体合作行为的出现，该模型的主要思想是，代理人不仅会模仿其邻居的战略，即他们可以观察到的最有利的战略，而且会通过计算和衡量成本和收益来有选择地增加或删除边	他们主要关注宏观网络的"结构关系"，忽视了微观企业的"合作关系"
	Kun，2018	通过比较知识转移者和知识接受者策略选择上的差异，揭示了代理人在知识合作过程中的策略行为	他们在合作战略的演变中很少考虑到知识主体的异质性
信任效应	Chow & Chan，2008b	主要目的是研究社会资本对企业知识共享的影响。他们的研究结果证实，网络结构和认知对一个人分享知识的意愿有很大的贡献，然而，信任对分享知识的意愿没有直接影响	其结果仅限于组织内部的知识共享
	Ramasamy 等，2006	信任在组织间的知识共享中起着重要作用	不涉及客户参与因素

2.6 本章小结

本章从顾客参与、知识协同、复杂网络、知识网络等方面对本书主题的相关研究文献进行了详细的梳理。（1）顾客参与方面。从顾客参与的分类、概念、服务创新中的顾客参与三方面展开，论述了顾客参与的研究现状。（2）知识协同方面综述。从知识协同的概念、研究方法、知识协同的建模等方面，论述了有关知识协同研究的发展现状。（3）复杂网络方面研究综述。从网络表示方法、网络测度指标、网络模型及构造算法与复杂网络的知识传播动力学分析与复杂网络上的演化博弈等方面展开，这些为本书后续基于复杂网络的知识协同模型构造奠定了基础。

第3章

基于主体的建模方法研究

基于主体的建模（Agent – Based Modelling，ABM）用于对由自主交互主体组成的系统进行建模，基于主体的建模是一种对复杂系统和复杂自适应系统的动力学进行建模的方法，这样的系统通常会自我组织并创建规则秩序。基于主体的模型还包括行为模型，用于观察不同主体行为与交互的协同影响。多主体建模工具的开发、大数据的可用性以及计算的进步使得越来越多跨领域和学科基于多主体的应用程序成为可能。

3.1 引言

基于主体的建模是一种探索自然、社会和工程应用中出现的复杂系统的方法。与基于方程的聚合种群模型相反，ABM 侧重于异质个体（主体）的行为，无论是人、蚂蚁、国家、分子、癌细胞、病毒、车辆还是光子，群体有时令人惊讶的行为来自主体的行为和交互。乌里·威伦斯基（Uri Wilensky）和威廉·兰德

（William Rand）等提出了具体的基于主体的建模方法：使用
NetLogo 对自然、社会和工程复杂系统进行建模，建模领域可以
涉及物理学、生物学、社会学、经济学、政治学、人类学和计算
机科学，其中的模型设计和分析应该以研究人员想要回答的特定
问题为指导；物理洞察力通常来自对过程结构及其相互作用的关
注，而不是所研究现象的细节。例如，ABM 显示流体渗透和森
林火灾有很强的相似性，谣言的传播和创新的传播与渗透也有很
多共同之处，当然也存在明显的差异。ABM 方法可以广泛使用，
因为只需要了解个体的行为，而不需要对群体行为有深入的数学
理解。

　　ABM 是一种相对较新的方法，用于对由交互的、自主的
"主体"组成的复杂系统进行建模。主体具有由简单规则描述
的行为，以及与其他主体的交互，这反过来又会影响他们的行
为。通过对每个主体进行建模，可以观察到主体之间存在的多
样性在其属性和行为方面的全部影响，因为这会引发整个系统
的行为。通过"自下而上"对系统进行建模，即逐个主体和逐
个交互，自组织行为通常可以被观察到，而且编程模型中未明
确的模式、结构和行为，也会通过主体交互而产生。与其他仿
真技术（如离散事件仿真和系统动力学）相比，强调对群体中
主体的异质性进行仿真和自组织的出现是基于主体建模的两个
主要特征。基于主体的建模提供了一种对社会系统进行建模的
方法，这些社会系统由相互交互和相互影响、从经验中学习并
调整行为以使他们更适合环境的主体组成，其仿真的逻辑框架
如图 3.1 所示。

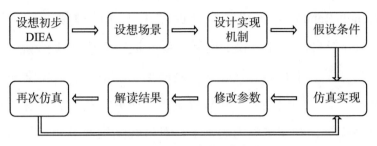

图 3.1　ABM 仿真的逻辑框架

首先，我们要有一个想法，或者我们想要研究的问题，根据这个问题进行适当的场景预演或设想，其次设计可以实现该场景的机制，包括策略、规则、策略更新是什么等，并提出实现此机制的各种假设条件，最后通过仿真建模去实现设计的场景并与最初设想的场景进行比较，并不断地修改参数、解读仿真结果，进而再次进入仿真循环，通过不断验证逐步实现设想。基于主体的建模应用跨越了广泛的领域和学科，其应用范围从仿真股票市场和供应链中的主体行为到预测流行病的传播，从建模适应性免疫系统到了解消费者购买行为等等。

3.2　基于主体的建模研究

3.2.1　基于主体的建模和复杂性

ABM 可以追溯到对复杂系统、复杂自适应系统和人工生命（Artificial Life）。复杂系统由交互的、自组织的组件组成，且具有额外的能力，使主体能够在个人或群体水平上进行适应，试图确定这些系统的普遍原则，例如自组织的基础、涌现的现象和自然界生物进化的起源。ABM 最初主要是作为实现复杂自适应系统计算模型的一套思想、技术和工具。许多早期的基于主体的模型是使用由朗顿和其他人等设计的 Swarm 建模软件开发的，主要用于对人造生命（ALife）进行建模。早期主体行为多使用极其简单的规则来建模，后续的研究是在此基础上经过不断拓展，并根据实际情况逐渐加入其他规则和算法流程等。

遵循仿真的传统定义，我们使用术语 ABM 来指代基于主体的仿真，即对动态和依赖于时间的进程进行建模，以及指代更一般类型的基于主体的建模，包括设计用于优化或搜索的模型。例如，粒子群优化和蚂蚁优化算法都受到基于主体的建模方法的启发，用于实现最终（最佳）状态，而不是像在仿真中那样研究动态进程。

3.2.2 基于主体的模型的架构

典型的基于主体的模型具有三个要素：

（1）主体集。主体的属性和行为。

（2）主体关系集和主体之间的交互方法集。连接的拓扑结构定义了主体如何以及与谁交互。

（3）主体的环境。除了其他主体之外，主体还与其环境进行交互。

模型开发人员必须识别、建模和编程这些元素以创建基于主体的模型。典型的基于主体的模型结构如图 3.2 所示。下面的内容将讨论图 3.2 中的每个组件，然后需要一个用于仿真主体行为和主体交互的计算引擎来运行模型，基于主体的建模工具包、编程语言或其他实现工具提供了这种能力。运行基于主体的模型就是让主体重复执行他们的行为和交互，该过程通常但不一定在时间线上运行。

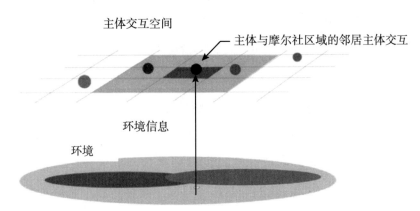

图 3.2　典型的基于主体的模型的结构，如糖域模型（Epstein 和 Axtell，1996）

3.2.3　自适应主体

主体最重要的一个定义特征是其具有自主行动的能力，即在没有外部指导的情况下自主行动以应对遇到的情况。主体被赋予了允许他们作出独立决策的行为，通常情况下主体是主动的，会主动采取行动以实现其内部目标，而不仅仅是被动地对其他主体和环境作出反应。关于自适应主体的定义，目前没有普遍的共识。杰尼英（Jennings，2000）提供了主体的计算机科学定义，强调自主行为的基本特征。还有一些学者认为任何类型的独立组件（软件、模型、个体等）都是主体，在这种观点中，组件的行为可以从简单的反应性"if-then"规则到由自适应人工智能技术建模的复杂行为。另外有些学者认为组件的行为必须具有适应性，能够根据其经验学习并改变其行为，才能称为主体。卡斯提（Casti，1997）认为主体应该包含行为的基本规则、实际上是"改变规则的规则"更高级别的规则。基本级别的规则对环境提供了更被动的响应，而"改变规则的规则"提供了更主动、适应性更强的能力。

从实际建模的角度来看，基于在应用程序中实际构建和描述主体模型的方式及原因，主体应该有如下基本特征：

（1）主体是一个独立的个体。主体有边界，人们可以很容易地确定某物是不是主体的一部分或是一种共享属性。主体具有允许主体区别于其他主体并被其他主体识别的属性。

（2）主体是自主的和自我导向的。主体可以在其环境中以及有限范围内在与其他主体的交互中独立运行。主体具有将主体感知到的信息与其决策和行动相关联的行为，主体的信息来自与其他主体和环境的交互，主体的行为可以通过从简单规则到抽象模型的任何内容来指定，例如神经网络或遗传算法，通过自适应机制将主体的输入与输出相关联。

（3）主体具有随时间变化的状态。这可以通过设定主体的演化规则来实现，正如系统具有由其状态变量集合组成的状态一样，主体也具有表示与其当前情况相关基本变量的状态。主体的状态由其属性的集合或子集组成。基于主体模型的状态是所有主体的集体状态以及环境状态，主体的行为取决于其状态。因此，主体的可能状态集越丰富，主体可以拥有的行为集就越丰富。在基于主体的仿真中，任何时候的状态都是将系统从那个点向前移动所需的所有信息。

（4）主体具有交互性，可以与其他主体进行动态交互。主体具有与其他主体交互的规则，例如通信、移动和空间争夺、对环境作出响应的能力等。

此外，主体还可能具有其他有用的特征：

（1）主体可能是自适应的。例如，通过拥有规则或更抽象的机制来修改其行为。主体可能具有根据其积累的经验学习和调整其行为的能力，且这些学习需要某种形式的记忆。除了个体层面的适应之外，主体群体还可能通过选择过程进行进化，因为更适合环境的个体数量会成比例地增加。

（2）主体可能是目标导向的，在其行为方面有要实现的目标。例如在博弈中我们可以设定主体的目标是自身收益最大化或者双方的收益最大化，然后主体会根据这个目标采取适当的行为，我们还可以观察到群体涌现的结果，这允许主体将其行为的结果与其目标进行比较，并在未来的交互中调整其响应和行为。

（3）主体可能是异质性的，这一点是相对于同质主体而言的。主体的特征和行为在很多方面不同，例如在程度和复杂性方面、主体决策中考虑了多少信息、主体对外部世界的内部模型、主体视角下其他主体对自己行为的反应以及智能体在作出决定时保留和使用的过去事件的记忆程度等。由于主体进行交互，他们也可能被赋予不同数量的资源或积累不同级别的资源，从而进一步区分不同主体。

典型的主体结构如图3.3所示。在基于主体的模型中，与主体相关的所有内容要么是主体属性，要么是作用在主体上的方法。主体属性既可以是静态的，在仿真过程中不可改变；也可以是动态的，随着仿真的进行而改变。例如，静态属性是主体的名称；动态属性是主体对过去交互的记忆。主体方法包括行为，例如像神经网络这样的学习规则或更抽象的表示，它们将主体的情况与其动作或一组潜在动作联系起来。

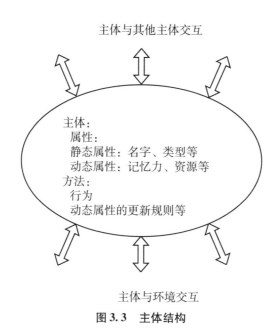

图 3.3　主体结构

3.2.4　主体之间的交互作用

基于主体的建模旨在建模主体关系和交互，并设定主体的行为。建模主体交互的主要问题是指定谁是主体、主体与谁相关联，以及交互的动态机制。

复杂系统和基于主体建模的原则之一是只有局部信息可供主体使用，而得不到全局最优信息，而且主体只能与其有联系的主体交互，并非所有主体始终直接与所有其他主体交互。主体可以交互的范围集合，称为主体的邻居。局部信息是从与主体的邻居及其局部环境的交互中获得的。通常，随着仿真的进行和主体在空间中的移动，主体的邻居集也会变化。

主体如何相互连接通常称为基于主体的模型的拓扑结构或连接。典型的拓扑包括节点（主体）和连接（关系）的空间网格或网络。拓扑描述了谁向谁传输信息，在某些应用程序中，主体根据多种拓扑进行交互。例如，一个基于主体的流行病模型让主体通过空间网格进行交互，以仿真主体进行日常活动并可能传播感染时的身体接触，另外，主体也是社交网络的成员，可以仿真与亲戚和朋友联系的可能性。

一个主体的邻居是适用于模型中定义的任何主体空间的一般概念。例如，主体只能与位于物理（或地理）空间附近的邻居以及主体的社交网络指定的位于其社交空间附近的邻居主体进行交互。

最初，基于空间主体的模型是以元胞自动机（CA）的形式实现的。加德纳（Gardner，1970）指出，CA 通过使用网格或格子环境表示主体交互模式和可用的本地信息。紧邻主体的单元格是它的邻居，每个单元格都可以解释为与一组固定的相邻单元格相互作用的主体。单元（主体）状态在任何时候都是"开"或"关"。大多数早期的基于空间主体的模型都采用 CA 的形式。艾普斯坦和阿克斯特尔（Epstein、Axtell，1996）的糖域模型（Sugarscape）就是一个例子。在 Sugarscape 中，拓扑结构比简单元胞自动机中的更复杂，主体是移动的，能够从一个单元移动到另一个单元，网格本质上成为了主体的环境，主体能够从空间上分布在网格环境中获取资源。

其他主体交互拓扑现在通常用于建模主体交互。在元胞自动机模型中，主体在网格上从一个单元格移动到另一个单元格，并且一次不超过一个主体占用一个单元格。冯·诺依曼"5-邻"邻域如图3.4a所示；"8-邻居"摩尔邻域也很常见（见图3.4b）。在欧几里得空间模型中，主体在二维、三维或更高维空间中漫游（见图3.4c）。一般来讲，网络允许主体的邻域被定义，对于网络拓扑，网络可能是静态的或动态的（见图3.4d）。在静态网络中，连接是预先指定的并且不会改变。对于动态网络，连接和可能的节点是根据模型中编程的机制内生确定的。在地理信息系统（GIS）拓扑中，主体在现实的地理空间景观上从一个小块移动到另一个小块。在"汤"或非空间模型中，主体没有位置，因为它不重要（见图3.4e）；随机选择一对智能体进行交互，然后返回到汤中作为未来选择的候选者。许多基于主体的模型包括在多个拓扑中交互的主体。

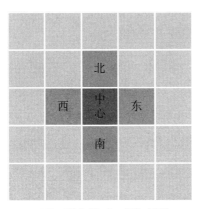

a 冯·诺依曼"5-邻"邻域

b "8-邻居"摩尔邻域

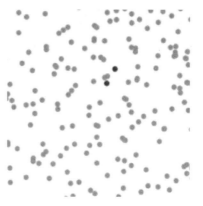

c 欧几里得空间邻域

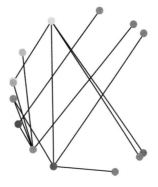

d 网络结构

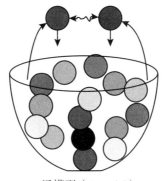

e 汤模型（Aspatial）

图 3.4　主体关系和社会交互的拓扑结构

3.2.5　基于网络的主体环境研究

主体与其环境以及其他主体进行交互。环境可以简单用于提供有关主体相对于其他主体空间位置的信息，或者它可以提供一组丰富的地理信息，如在 GIS 中。主体的位置作为动态属性包含在内，有时需要在主体穿越景观、争夺空间、获取资源和遇到其他情况时进行跟踪。复杂的环境模型可用于对主体的环境进行建模，例如，水文或大气扩散模型可以分别提供有关地下水位或大气污染物特定位置点的数据，主体可以访问这些数据。环境也可能会限制主体行为，例如，基于主体的交通模型中的环境将包括道路网络节点以及道路网络连接的基础设施和容量，这些能力会造成拥堵效应（降低行驶速度）并限制在任何给定时间内通过交通网络的主体数量。

在许多现实世界中，尤其是在社会环境中，主体之间的交互不是由自然地理定义的。例如，谣言不会以严格的地理方式在人与人之间传播。如果你打电话给你在英国的朋友并告诉她一则谣言，该谣言会传播到英国，而不会经过你和英国之间的人。在许多情况下，我们希望通过使用基于网络的环境来表示人与人之间的交流方式（见图3.5）。使用基于网络的环境，我们可以通过在模型中代表每个人的主体之间绘制连接来表示给在英国的朋友打电话的事实。网络连接由它连接的两端定义，这通常称为节点。

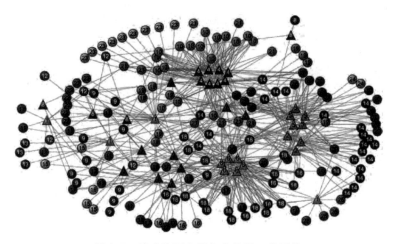

图3.5 癌症和蛋白质复合物的二分网络

在 NetLogo 中，连接也是一种主体类型。就像瓦片一样，连接既可以是信息和环境描述的被动管道，也可以是具有自己的属性和动作的成熟主体。网格环境可以被认为是网络环境的特殊情况，瓦片（Patch）是连接到其网格邻居的节点。事实上，晶格图也可以称为晶格网络，其特性是网络中的每个位置看起来都与网络中的其他位置完全相同。

基于网络的环境可用于研究各种各样的现象，例如疾病或谣言的传播、社会群体的形成、组织结构，甚至蛋白质的结构。

ABM 中有几种常用的网络拓扑：随机网络、无标度网络、小世界网络和规则网络。见图 3.6。

图 3.6　国际联盟人员共享的档案文件网络

在随机网络中，每个个体都与其他个体随机连接，这些网络是通过在系统中的主体之间随机添加连接来创建的（见图 3.7）。数学家埃尔德什和雷尼（Erdös、Rényi，1959）率先研究了随机网络并描述了生成它们的算法，下面展示一种创建随机网络的简单方法。

```
to setup
ca
crt 20[
set shape" circle"
```

```
layout-circle turtles 10
]
end


to connect
ask turtles[
    create-link-with one-of other turtles
]
end
```

a ER随机网络   b 无标度网络   c 无标度网络

图 3.7   随机网络和无标度网络

在这段代码中，我们创建了一组海龟并将它们随机放置在瓦片上。然后我们要求每只海龟创建一个连接到另一个随机选择的海龟。如果我们希望海龟有多个连接，可以要求每只海龟重复这个过程多次。此代码生成一个网络，其中每个节点至少有一个连接，这意味着没有孤立节点（即没有连接的节点）。

无标度网络拥有全局网络的任何子网络都与全局网络具有相同属性的特性（见图 3.8）。创建此类网络的一种常见方法是向系统添加新节点和连接，以便拥有大量连接的现有节点更有可能获得新连接（巴拉巴斯，2002）。这种技术有时被称为优先连接，因为连接更多的节点要优先被连接。这种网络创建方法倾向于生成具有许多辐射链路的中心节点的网络，由于类似于自行车车轮，这种网络结构有时也称为轮辐网络。许多现实世界的网络（例如互联网、电网和航线）与无标度网络具有相似的特性。

```
to setup
ca
set-default-shape turtles" circle"
crt 2[ fd 10]    ; ;生成两只海龟并各前进 10 步
ask turtle 0[ create-link-with turtle 1] ; ;两只海龟之间建立连接
reset-ticks
end
```

此代码清除世界，然后将海龟的默认形状更改为圆形，使它们看起来更像抽象节点。之后，它会创建两个节点并在它们之间绘制连接。GO 程序会系统地添加节点，一次一个，使用现有连接来作为一个端点。添加新节点（例如添加 20 个节点）的代码是：

```
to go
if count turtles > 20
   [ stop]
   ; ;选择附加到随机连接的合作伙伴
   ; ;这让节点有机会根据它有多少连接成为合作伙伴
```

```
let friend one-of[both-ends] of one-of links
;;合作伙伴创建新节点
crt 1[
    fd 10
    create-link-with friend
]
tick
end
```

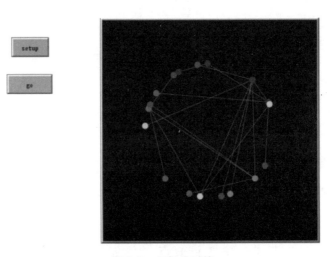

图3.8　无标度网络

　　此代码的关键是确定连接到新节点的伙伴节点。考虑此代码的一种方式是通过为网络中的每个节点提供与它拥有的连接数相等的权重来确定合作伙伴节点，然后随机抽取一张节点，节点拥有的连接越多被选中的概率越大，而这种趋势会持续保持下去，该模型的思想基于巴拉巴斯（1999）的网络模型。此外，还有典型的小世界网络，小世界网络由高集聚度的节点密组成，这些节点之间通过一些长连接来连接。由于这些长连接的存在，信息在网络中任意两个随机节点之间传播并不需要很多中间连接。小世界网络有时是通过从常规网络开始创建的，然后随机重新连接一些连接以在主体之间创建大跳跃（沃茨、斯特罗加茨，1998）。谣言传播的例子可以用一个小世界网络来建模，因为它大部分会发生在局域的地理环境中（例如附近物理位置的朋友），但偶尔会出现跳远（如远方的朋友）。

有很多方法可以表征网络，其中两种常用的方法是平均路径长度和聚类系数。平均路径长度是网络中节点之间所有成对距离的平均值。换句话说，我们先测量网络中每对节点之间的距离，然后对结果进行平均。平均路径长度表征网络中节点之间的距离。网络的聚类系数是一个节点的直接邻居的平均分数，这些邻居也是该节点其他邻居的邻居。换句话说，它能衡量我的朋友之间连接紧密的程度。在平均聚类系数较高的网络中，任何两个相邻节点往往共享许多共同的邻居节点，而在平均聚类系数较低的网络中，通常存在周围邻居组之间几乎没有重叠的现象。

随机网络具有较低的平均路径长度和较低的聚类系数，表明从任何特定节点到任何其他节点不需要很长时间，因为节点都与其他节点有一定的联系，并且它们之间的连接没有规律性。完全规则的网络，如基于晶格的环境，具有较高的平均路径长度和相对较高的聚类系数。信息在规则网络中传播需要很长时间，但邻居之间的联系非常紧密。对于小世界网络而言，尽管具有较高的聚类系数，但其平均路径长度却较低。小世界网络中，邻居往往是紧密聚集的，但由于有一些长连接的存在，信息仍然可以在网络中快速流动。无标度网络也往往具有较低的平均路径长度，因为那些具有许多邻居的节点充当了通信中心。NetLogo 还包括一个特殊的扩展——网络扩展，用于创建、分析和使用网络，这种扩展能够将网络理论方法完全集成到 ABM 中。

计算社会科学是将建模和仿真与社会科学学科相结合的新兴领域。基于主体的建模已经在经济学、社会学、人类学和认知科学领域得到发展。目前基于主体的建模已经被用于研究各种社会现象，且这些模型不易使用其他方法进行建模。理论应用包括索耶（Sawyer，2005）的社会涌现、合作涌现，艾普斯坦（2002）的社会不稳定的产生，潘等（2007）的人群中人们的集体行为。萨科达（Sakoda，1971）制定了第一个基于社会主体的模型之一——"棋盘模型"，它依赖于细胞自动机。使用类似的方法，谢林（Schelling，1978）开发了一个住房隔离模型，其中主体代表房主和邻居，主体交互代表主体对其邻居的看法，并表明，住房隔离模式可能会出现，但不一定与个体主体人的目标一致。糖域模型（Sugarscape）中基于主体的仿真，将人类建模的概念扩展到不断发展的整个人工社会。糖域模型的主体出现了各种特征和行为，虽然只是初步的模型，但其高度暗示了一个现实的和抽象的社会。这些具有有限数量社交主体的早期基于网格的模型正在通过与 GIS 的实时连接扩展到对现实社会空间（例如社交网络和地理）的大规模仿真。

在许多基于标准的微观经济理论经济模型中，人们为分析简便作出了简化假设。这些假设包括：（1）经济主体人是理性的，这意味着主体有明确定义的目标并且能够优化他们的行为；（2）经济主体人是同质的，即主体人具有相同的特征和行为规则；（3）系统主要经历经济过程的规模报酬递减（边际效用下降、边际生产率下降等）；（4）系统的长期均衡状态是主体关心的主要信息。基于主体的建模允许放宽经典经济学的标准假设，因此可以研究在达到平衡的过程中遇到的瞬态，这种关注点催生了基于主体的计算经济学领域（泰斯特凡、贾德，2002；2006）。在实际情形中，例如行为经济学和神经经济学等领域，关于理解人们如何在实际情况下作出决策的工作正在进行中。这项工作为构建更好地考虑理性因素和情感的基于主体的行为模型提供了保证。

基于主体的模型也被用于分析现有和假设的市场。恰拉妮娅（Charania，2006）使用基于主体的仿真来建模亚轨道太空旅游市场可能的未来。每个主体代表航天工业中的一个实体，旅游公司在与其他公司竞争销售的同时寻求利润最大化，客户根据他们的个人品位和偏好评估公司提供的产品。桑切斯（Sa'nchez et al.，2005）开发了一种基于多主体的新闻数字市场仿真模型，采用传统商业模式来调查市场动态。尹（2007）开发了一种基于主体的落基山旅游模型，该模型用于探索房主的投资和再投资决策如何受到其社区的投资水平及可用设施的影响。托穆科亚古（Ton-mukayakul，2007）开发了一个基于主体的计算经济学模型来研究无线电频谱二次使用的市场机制，该模型以交易成本经济学为理论框架，用于确定二级使用市场何时出现、为何出现以及可能采取何种形式的条件。

许多现实世界系统的基于主体的模型往往由物理组件（建模为主体）和社会主体混合组成，称为"社会—技术"系统。人们已经开发了大规模基于主体的模型，此类系统的模型包括交通、空中交通管制、军事指挥和控制以及网络中心运营、物理基础设施和市场等。

3.3 本章小结

ABM 方法是一种对由自主交互主体组成的系统进行建模的方法，在各个领域和学科中有越来越多的基于主体的应用程序。尤其当主体的适应性和涌现是重要考虑因素时，该方法特别适用。目前许多基于主体的软件和工具包已经被开发并被广泛使用，多种协同因素的结合正在迅速推动 ABM 的发展。这些因素包括专门的基于主体的建模方法和工具包的持续发展、基于主体的建模的广泛应用、基于主体的建模社区的集体经验的增加，支持基于主体的模型的微数据的可用性不断提高，以及计算机性能的进步。综合起来，这些因素表明，ABM 有望在未来对企业如何使用计算机支持决策、政府如何使用模型来制定和支持政策，以及研究人员如何使用电子实验室来进一步研究产生深远影响。

基于主体的 NetLogo 建模技术研究

4.1 NetLogo 建模技术

4.1.1 简介

NetLogo 是一个用于模拟自然和社会现象的可编程建模环境。NetLogo 特别适合对随着时间推移而开发的复杂系统进行建模。建模人员可以向成百上千的"代理"发出指令，由于这些"代理"都是独立运行，使得探索个人微观行为与在彼此互动中出现宏观模式之间的联系成为可能，这些主体间的交互会产生多种模式，涌现出多种可能性结果。

NetLogo 允许学生打开模拟并与他们"互动"，探索他们在各种条件下的行为。这也是一个创作环境，使学生、教师和课程开发人员能够创建自己的模型。NetLogo 对学生和教师来说足够简单，也足够先进，可以作为许多领域研究人员的强大工具。

　　NetLogo 有大量的文档和教程。它还带有详尽的模型库，是一个可以使用和修改的大量预先编写的模拟集合。这些模拟涉及自然科学和社会科学的内容领域，包括生物学和医学、物理和化学、数学和计算机科学以及经济学和社会心理学。NetLogo 在 Java 虚拟机上运行，因此它适用于所有主要平台（Mac、Windows、Linux 等）。NetLogo 是 StarLogo 和 StarLogoT 等多智能体建模语言系列的下一代产品。它可以作为桌面应用程序运行，也支持命令行操作。

4.1.2　特性

　　（1）系统方面。NetLogo 是免费的，而且来源开放，可以在 Mac、Windows、Linux 等跨平台运行，并且支持国际字符集。

　　（2）编程方面。NetLogo 完全可编程，具有简单的语言结构，采用可扩展的 Logo 语言用来支持主体。NetLogo 是继承了 Logo 语言的一款编程开发平台，但它又改进了 Logo 语言只能控制单一个体的不足，可以在建模中控制成千上万的个体。因此，NetLogo 建模能很好地模拟微观个体的行为和宏观模式的涌现及其两者之间的联系。NetLogo 是用于模拟自然和社会现象的编程语言和建模平台，特别适合于模拟随时间发展的复杂系统（目前其最新版本为 NetLogo 6.2.2）。移动主体（海龟）在由静态主体（瓦片）组成的网格上移动，主体之间可以任意创建链接，形成聚集、网络和图。NetLogo 内置大量原语，用户可以直接调用无须自定义，大大简化了编程。另外，NetLogo 具有双精度浮点数

（IEEE 754）与一流的函数值（也就是说任务，结束，参数），而且它的运行过程在不同平台上可复现不同的环境。

（3）环境方面。NetLogo可以进行运行中（on-the-fly）的交互命令，通过"ask""show"等命令可以与环境界面直接进行交互并显示运行结果。界面构建包括按钮、滑动条、开关、选择器、监视器、文本框、注解、输出区等按钮，用户可以直接点击。信息页用来解释模型，用户也可以对自己的模型添加注释，方便自己记忆及其他用户理解模型。HubNet可以使用联网设备进行参与式仿真；主体监视器用来监视和控制某个或者某些特定主体，便于用户分析其具体特性；输出输入功能可以输出数据，保存、恢复模型状态，制作电影等；行为空间（Behavior Space）工具用来从多次运行中收集数据。另外，NetLogo可以进行系统动力学建模，可以用NetLogo 3D建造3D世界模型，而且任意模式可以在命令行批量运行程序，方便用户分析结果与检查程序。

（4）展示与可视化方面。NetLogo内置了线图、条形图和散点图，可以根据数据变化即时显示变动的图形，并可将图形输入成其他文件格式，例如EXCEL、MATLAB等。快进滑动条使我们可以对模型进行快进和慢放，想要观看某个特定时间的变化结果时可以慢放，而对于过程的变化不是特别关注、只注重最终结果时可以快进模型以节省模型运行时间。另外，它能够查看模型的二维和三维模式，不仅可伸缩、旋转矢量图形，还可以对海龟和瓦片贴上可识别的标签，以便于关注某个微观主体的动态属性变化。例如我们可以对1~10号主体赋予不同的能量值属性，然后规定这些主体之间的交互行为，当我们想重点关注1号主体的能量值变化情况，可以对1号主体贴上标签，并且将1号主体放大作为重点关注对象。

此外，基于 Web 的客户端和 HubNet 客户端可以存储为嵌入网页的小程序（某些功能小程序不可用，例如 3D 视图）。控制 API 可以在脚本或应用程序中嵌入 NetLogo，扩展 API 可以为 NetLogo 语言添加新的命令报告，包括开源扩展示例。

4.2 NetLogo 建模仿真操作

4.2.1 下载

软件下载地址为 http：//ccl. northwestern. edu/netlogo/index. shtml，单击 download 即可，然后在 version 栏选择自己需要的版本下载安装（如图 4.1 和图 4.2、图 4.3 所示）。

4.2.2 软件操作

在 NetLogo 里用户可以查看模型库中的模型，随时增加内容，或创建自己的模型，这种设计可满足用户的需求。

界面分成两个主要部分：菜单和主窗口。

在 Windows 系统中，如果运行 NetLogo 应用程序，菜单条在 NetLogo 窗口的顶部，这里需要注意的是，最上方是标题栏，标题中不能含有中文，否则后续的编程会出错。菜单栏包含以下 6 项：File、Edit、Tools、Zoom、Tabs、Help，如图 4.4 所示。

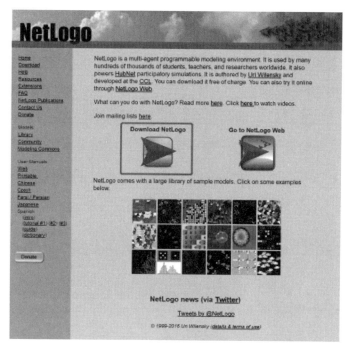

图 4.1　下载地址

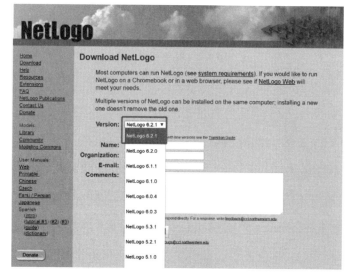

图 4.2　版本选择

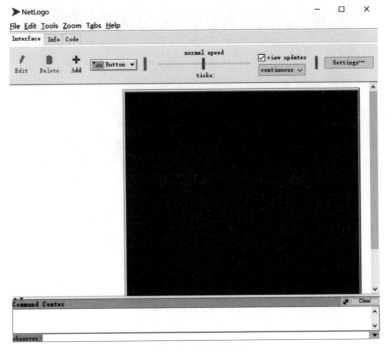

图4.3　软件界面

图4.4　菜单栏界面

　　每项打开之后都有与其他软件类似的具体的操作选项，例如打开 File 后如图4.5所示。

　　在 NetLogo 主窗口的顶部是三个标签页："Interface（界面）""Info（信息）"和"Code（编码）"，任一时刻只有其中之一可见，但可以通过单击窗口顶部的标签进行切换。

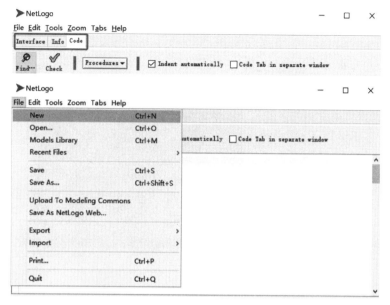

图4.5 操作界面

Interface（界面）页：在界面页查看模型的运行，其中有工具用来监视和更改模型内部的运行情况。

当首次打开 NetLogo 时，界面页只有主视图和命令中心，主视图显示海龟和瓦片，命令中心用来发出 NetLogo 命令。使用界面元素时需要用到工具条，界面页的工具条包括按钮（按钮用来编辑、删除、创建界面项），还有一个菜单用来选择不同的界面项（例如按钮和滑动条）。

工具条上的按钮功能如下所述：要添加界面元素时，首先在下拉菜单中选择所需元素，注意 Add 按钮呈按下状态，然后在工具条下方的空白区单击（见表4.1）。如果菜单项已经显示所需的类型，只需按下 Add 按钮，不用使用菜单，如图4.6所示。

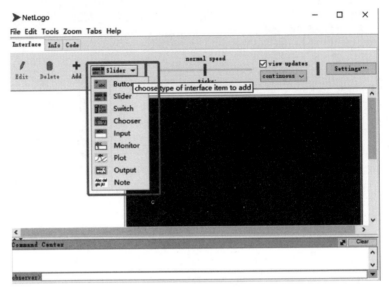

图 4.6　详细按钮

表 4.1　　　　　　　　　　　　界面按钮描述

图标名字	描述
Button	按钮可以是一次性的或永久性的。单击一次性按钮，将执行命令一次。单击永久性按钮则不断重复执行命令，直到再次按下按钮。如果为按钮分配了快捷键，则当按钮有焦点时，按下相应的键就等同于按下按钮。如果按钮有快捷键则在右上角显示快捷键字符。如果输入光标在另外的界面元素上，如命令中心，则按下快捷键不会触发按钮，这种情况下按钮右上角的字符会变暗。要激活快捷键，可在界面页的空白背景上单击
Slider	滑动条是全局变量，可以被所有主体访问。在模型中使用他们作为快速改变变量的方式，而不需重新编程。相反，用户移动滑动条到某一个值，即可观察模型发生的行为
Switch	开关是 true/false 变量的可视化表示。通过拨动开关，用户设置变量为 on（true）或 off（false）
Chooser	用户使用选择器在选择列表中为一个全局变量选定值，选择列表显示为下拉菜单

知识网络视域下顾客参与企业创新演化的实验研究

图标名字	描述
Input Box	输入框是包含字符串或数值的全局变量。编程人员选择用户可以输入的变量类型。可以设置输入框对输入的命令或报告器字符串进行语法检查。数值型输入框可以读取任何形式的常值表达式，这比滑动条灵活得多。颜色输入框为用户提供了 NetLogo 颜色选择器
Monitor	监视器显示任何表达式的值。表达式可以是变量、复杂表达式或对报告器的调用。监视器每秒自动更新几次
Plot	绘图实时显示模型数据图形化
Note	注释用来为界面页添加信息型文本标签。模型运行过程中注释内容不变
Output	输出区是一个文本卷滚区，用来记录模型活动。一个模型只能有一个输出区

下面是一些具体功能的实现方法：

（1）选择：要选择一个界面元素，用鼠标拖出一个矩形包围它，该元素出现灰色边框，表明被选中了。

（2）选择多项：通过用拖出的矩形同时包围多个界面元素，可以选中多个选项。如果选择项包含"key"项，那么使用界面页工具条上的"Edit"或"Delete"则只影响"key"项，"key"项上会有一个深灰色边框，以示区别。

（3）取消选择：要取消所选的所有元素，可在界面页的空白处单击。要取消选择某个元素，Ctrl - 单击（Macintosh）或右击（其他系统）该元素并在弹出菜单中选择"Unselect"。

（4）编辑：要改变一个界面元素的特性，可以选择该元素，按下界面页工具条的"Edit"按钮，也可以选择该元素后双击。

（5）移动：选中界面元素，用鼠标将它拖到新位置。如果拖动时按下 Shift 键，则只能做水平或垂直移动。

（6）改变大小：选中界面元素，用鼠标拖动选择边框的黑色"手柄"。

（7）删除：选中要删除的一个或多个界面元素，然后按下界面工具条的"Delete"按钮，也可以通过 Ctrl + 单击（Macintosh）或右击（其他系统），在弹出的菜单中选择"Delete"。如果使用后面这种方法，可不必先选中元素。

这里需要注意的是，界面上的按钮与后面的程序代码是对应的，而且每个模型都至少有一个"setup"按钮用于设置模型的初始状态，该按钮可以重复操作，还要有一个"go"按钮用来运行程序，对应的程序页要有"to setup""to go"程序用于执行这两个按钮（见图4.7）。

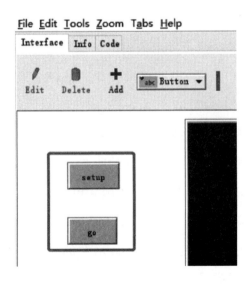

```
to setup
  ca
  ;;set-default-shape turtles "square"
  crt 50[
    setxy random-xcor random-ycor
    set heading random 360
  ]
end

to go
  ask turtles[
    fd 1
  ]
end
```

图 4.7　"setup"界面

　　另外，界面页工具条上的其他控件用来控制视图更新和其他模型属性（见图 4.8）。

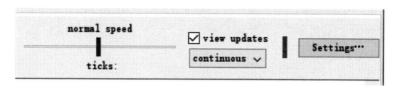

图 4.8　工具条

　　（1）滑动条。用来控制模型运行快慢，这通常很有用，因为有些模型运行得太快，很难看出中间过程发生的具体情节，也可以通过左移滑块快进模型以及减慢视图更新频率，如果只想要得到最终的仿真结果，可以加快速度条以节省仿真时间。

　　view updates 勾选框控制是否进行视图更新。update mode menu 菜单用来在 continuous 和 on-ticks 更新模式之间切换，"Continuous" 更新是指 NetLogo 每秒更新（即重绘）视图很多次，不管模型运行的是什么。"on-ticks" 更新是指只有滴答计算器推进时才更新视图。"Settings…" 按钮用来编辑不同的模型属性，主要用于调整视图框的边界及显示。如图4.9所示。

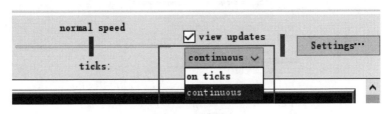

图4.9　更新界面

（2）"2D"和"3D"视图。界面页中的大块黑色区域是2D视图，它是NetLogo海龟和瓦片世界的可视化表示。初始时它是全黑的，因为瓦片是黑色的，还没有海龟。通过在视图控制条上单击"3D"按钮打开"3D"视图，这是世界的另一个可视化表示（见图4.10）。

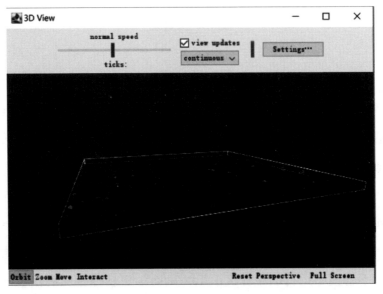

图4.10　"3D"视图

　　此外还有很多与视图相关的设置。使用视图顶端的控制条、编辑"2D"视图，或按下工具条的"Settings…"按钮都可以改变设置。

　　值得注意的是，3D 视图中的控制条组合了来自"2D"视图控制条的滴答计数器和界面工具条右部的控件。

　　图 4.11 是视图的设置（通过编辑视图或按下界面工具条的"Settings…"按钮）。

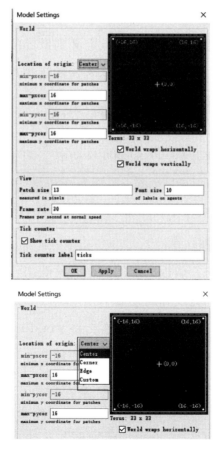

图 4.11　视图

视图设置分为三组，即 World、View、Ticks counter。World 部分的设置影响海龟生存世界的特性（改变它们后要对世界重设）；View 和 Tick counter 部分仅影响表观，不会影响模型的输出。

World 部分的设置用来定义世界的边界和拓扑。World 面板左部的顶端用来选择世界原点的位置，有"Center""Corner""Edge""Custom"四种。默认世界原点是 Center 型的，即（0，0）在中心位置，用户定义从中心到左右边界和上下边界的瓦片数。例如设置 Max – Pxcor = 10，则 Min – Pxcor 自动设为 – 10，在瓦片 patch（0，0）的左侧有 10 个瓦片，右侧有 10 个瓦片。

Corner 型配置允许用户将原点定义到世界的一角，左上、右上、左下或右下。然后定义 x 和 y 方向的远端边界。例如将原点放在左下角，定义右和上（正）边界。

Edge 型允许用户将原点放在一条边上（x 或 y），然后定义该方向的远端边界及另一方向的两个边界。例如沿世界底部选择了 Edge 模式，则必须定义顶边界和左右边界。

Custom 模式允许用户将原点放在世界的任何位置，但瓦片 patch（0，0）必须存在。

当改变设置时，面板右部的预览区反映出你的选择，显示原点和边界，世界的宽度和高度显示在预览区下方。

在预览区下方还有两个勾选框，是 world wrap 设置，用于控制世界的拓扑。注意当点击勾选框时，预览区显示哪个方向是回绕的，拓扑的名字显示在世界尺寸的旁边。

View 部分的设置用来定制视图观感，改变 View 设置不会强迫世界重设。如果改变"2D"视图的大小或调整"Patch Size"（单位是像素），不会改变瓦片的数量，只改变"2D"视图瓦片显示的大小（注意 patch size 不影响"3D"视图，因为只需让窗口变大就可以使"3D"视图变大），font size 的设置可以控制海龟、瓦片和链接标签的大小。The frame rate 控制视图更新的频率，这对每个模型的默认速度有很大的作用。"Smooth edges"仅出现在"3D"视图中，用来控制"3D"视图的反锯齿设置，使得直线看起来不太参差，但模型运行会慢一些。Tick counter 部分的设置控制滴答计数器的显示在视图控制条中出现与否。要在视图中调出 turtle、patch、link 监视器，只需在要查看的海龟或瓦片上 Ctrl – 单击（Macintosh）或右击（其他系统），并在弹出菜单中选择"inspect turtle…"或"inspect patch…"。通过在 turtle 子菜单中选择合适的选项，可实现对海龟的观察、跟随和乘骑（turtle、patch、link 监视器也可在 Tools 菜单中打开，或使用 inspect 命令）。因为有些模型需要在视图中通过鼠标点击或拖动实现与海龟或瓦片的交互，这些操作使得交互或者监视主体更方便。

4.2.3 命令中心

命令中心用来直接发出命令，而无须将这些命令加入模型的例程。命令是给模型中的主体（包含海龟、瓦片及链）发出的指令，这对运行时监视和操纵主体很有用（见图 4.12）。

大框下面的小框用来输入命令，输入后按下回车键运行命令。在输入文本的左侧是一个弹出菜单，初始是"observer >"，可以在 observer、turtles、patches 之中选择，指定哪个主体运行你输入的命令。这里可以使用 tab 键快速切换 observer、turtles、patches。

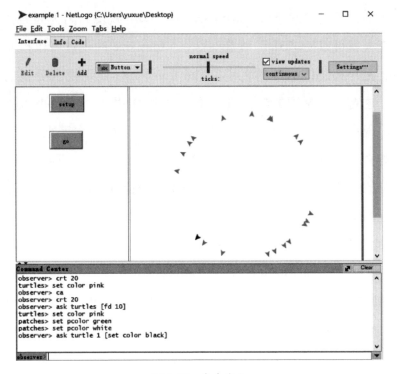

图4.12 命令中心

　　如果你在命令中心输入命令，show 命令会自动被插到前面，可以访问先前的命令，如果输入的命令出现在命令行上方的滚转框中，可以用 Edit 菜单中的 Copy 命令拷贝该处的命令粘贴到其他地方，如例程页。也可使用历史弹出菜单访问先前输入的命令，单击输入命令框右边的小三角，出现弹出菜单（包含以前输入的命令），可以选择某项进行重用，还可以使用键盘上的上下光标键更快速地访问先前的命令。

　　单击右上角的"clear"，可以清除包含以前输入命令和输出的大滚转区。要清除弹出式菜单上的历史命令，选择该菜单的"Clear History"。使用 Tools 菜单的 Hide Command Center 和

Show Command Center，隐藏或显示命令中心。要改变命令中心的大小，拖动分隔命令中心和模型界面的边界，或者单击边界左部的小箭头使得命令中心很大或完全隐藏。如果要在垂直和水平布局之间切换，单击左方画有双端箭头的按钮"Clear"。

4.2.4　绘图

如果在绘图的白色区域上移动鼠标，会显示鼠标的 x 和 y 坐标。由于鼠标位置可能和数据点不是精确对应，如果想知道绘图点的精确坐标，使用 Export Plot 菜单项，可以在其他程序例如 EXCEL 中查看输出文件。当创建一个绘图时，就像其他小部件一样，编辑对话框自动出现（见图4.13）。

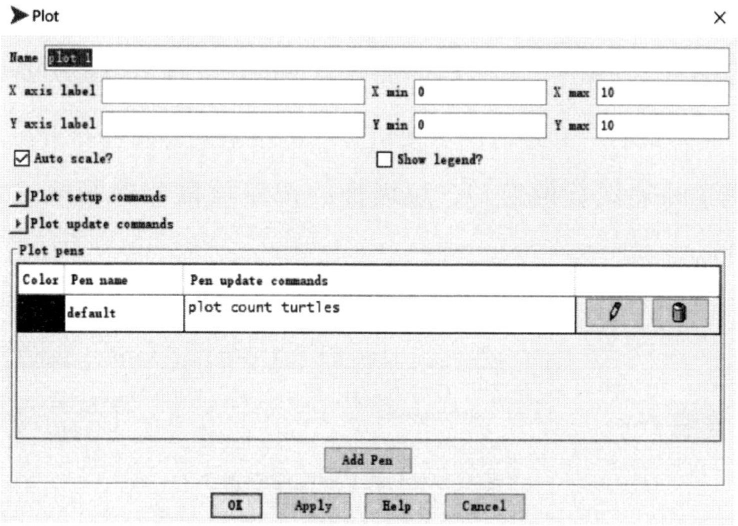

图 4.13　绘图编辑框

编辑框内许多域是自明的，如绘图的 name、x 轴和 y 轴的 label，坐标范围和"Show legend?"的选项框一样。如果 Auto Scale? 选中，如果新增的点超出当前范围，则 x 轴和 y 轴自动调整。

在"Plot setup commands"和"Plot update commands"下面，可以点击小三角来打开输入命令行的文本框，输入命令行，并在合适的时候自动运行。

Plot Pens

在 plot pens 部分可以创建和定制不同的画笔，每个绘图至少有一个画笔。开始时有一个名为"default"的画笔，可以对其进行重命名，与模型的实际意义一致。点击画笔名字左边的颜色矩形，会出现一个对话框，可以设定基准颜色或者改变颜色。双击即可重命名画笔的名字。在"Pen Update Commands"列，当 reset-ticks、tick、update-plots 运行的时候，便可以输入命令。

此外最后一列还有两个按钮，点击铅笔的图形会打开一个可以新建画笔设置的窗口，垃圾桶的按钮可以删除画笔（见图 4.14）。

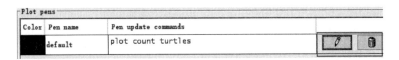

图 4.14　Plot Pen 高级设置

点击画笔的编辑按钮可以打开以下对话框（见图 4.15）：

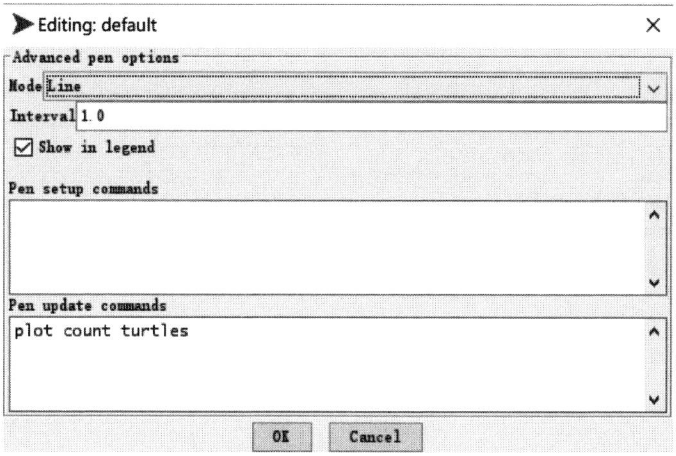

图 4.15　Plot 编辑框

编辑框可以改变画笔的线条、条形（对条形图来说）或者点（散点图）。间隔是指每次使用 plot 命令时，x 的增量。如果选中 Show in Legend，则选择的画笔是绘图右上角图例的一部分（在绘图上单击"Pens"就出现）。在"Setup commands"区域，能够输入当 reset-ticks 或 setup-plots 运行的时候运行的命令。在"Update commands"区域，可以输入 tick 或 update-plots 运行时候运行的程序。

4.2.5　滑动条

滑动条定义全局变量，便于改变变量值。将滑动条放置到界面页时，会自动出现编辑对话框，就像其他部件一样，但要重点注意 minimum、maximum 和 increment 域可以接受任何报告器表达式，而不只是常量。例如可以令 minimum 为 min-px-cor，maximum 为 max-pxcor。当世界大小改变时，滑动条的边界会自动调整（见图 4.16）。

图 4.16　滑动条编辑框

4.2.6　主体监视器

主体监视器显示一个特定主体的所有变量和主体及其附近的小范围区域，可以通过工具菜单或者通过 inspect 命令打开主体监视器（见图 4.17）。

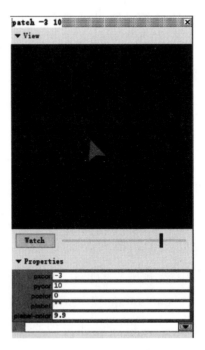

图 4.17　主体监视器界面

同时，可以使用视图下面的滑动条来放大或缩小视图，利用 watch 按钮在主视图中追踪主体。滑动条下方是每个主体的参数值，在这里可以输入一个新的值，就像运行了 set pcolor 代码一样。主体变量区域下方是一个小的命令中心。与观察者运行代码中对所有的海龟、瓦片和链接起作用不同的是，这里的代码只适用于这个主体。关闭主体监视器可以点击左上角的方框，或者按 Esc 键。如果同时按下 shift 键再点击那个方框，所有打开的主体监视器都会关闭，工具菜单中的"Close All Monitors"选项也能做到相同的效果。

4.2.7　编码标签页

编码标签页用于存储模型中的代码，包括只想在命令中心立即运行的代码和保存下来以后还要使用的代码（见图4.18）。

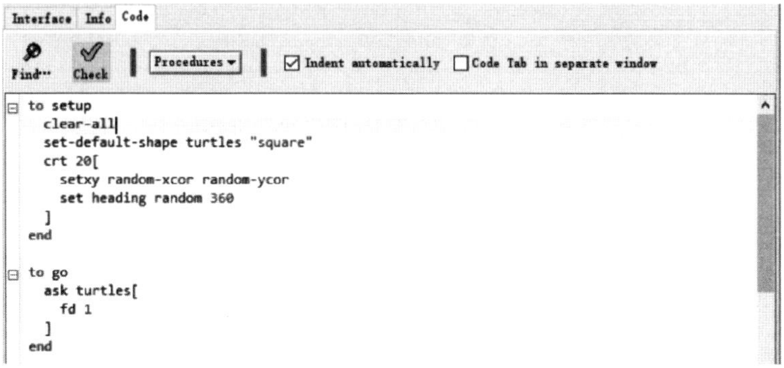

图 4.18　编码标签

如果想检查代码是否有误，可以按"Check"按钮，如果有语法错误，编码标签页就会变红，包含错误的代码会加亮，错误信息也会出现。切换标签页也能检查代码。要在程序中找到一段代码，可以在工具栏中点击"Find"按钮，查找的对话框就会出现，可以查找词语或短语，也可以选择替换它们。"Ignore case"选项框可以选择大小写是否相同。如果"Wrap around"选项框被勾选，整个编码标签页会从鼠标位置开始查找，到最后位置时又重新回到开始。"Next"和"Previous"按钮是向前或者向后查找，"Replace"是替换当前短语，"Replace & Find"是替换当前短语并查找下一处，"Replace All"是替换所有查找到的短语（见图4.19）。

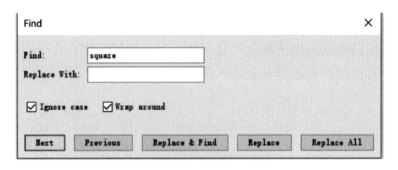

图4.19 Find 提示框

另外，使用编码标签页中"Procedures"的菜单可以在代码中找到特定的程序定义。菜单的顺序按照字母表排列。在编辑菜单中的"Shift Left""Shift Right""Comment"和"Uncomment"条目可以改变缩进多少，或者添加或移除标记段落的分隔号。

一旦打开新页，便开始与其他页一样进行导航。可以通过

Tabs 菜单访问它们，也可使用键盘从一个页切换到另一个页
（Mac 上使用 Command + 数字，其他操作系统使用 Control +
数字）。

4.2.8 自动缩进

当 Indent Automatically 选项框被勾选后，NetLogo 会自动将
代码按照逻辑结构的格式编排。例如，当你打开一组方括号
"［"（也许在 if 后），NetLogo 会自动添加空格，使得接下来的
一行代码比括号缩进两个空格。当输入另外一个括号的时候，会
和第一个对齐。NetLogo 会尝试缩排你输入的代码，但是你可以
在任意行按 tab 键，使 NetLogo 立刻缩排。或者你可以选择一整
个代码区域，利用 tab 键重新缩排。

4.2.9 Info 说明页

信息选项卡提供一个模型的介绍，告诉我们这个模型用的是
什么系统，如何建立，如何使用。也会告诉我们如何去扩展这个
模型，NetLogo 中有哪些特色。应该在开始模型前先阅读信息
卡，通常情况下信息选项卡是不可写的，要变成可写的话需要点
击 "Edit" 键，当编辑结束的时候，再次点击 "Edit" 键。为了
控制格式化，可以使用 "标记语言"，即 Makedown，用来显示
不同级别的标题、段落、字体大小、是否加粗、斜体、变为网络
链接等（见图 4.20）。

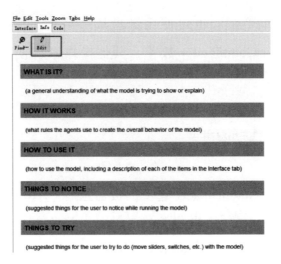

图 4.20　信息编辑框

4.3　NetLogo 建模仿真框架

NetLogo 是一个仿真软件，软件中有大量可移动主体（agent）在二维空间中进行交互作用，随着时间的演化推进，微观个体的属性（能量值、是否感染疾病等）在不断发生变化，系统的宏观特性也因此发生变化。NetLogo 有三类主体：turtles 海龟、patches 瓦片和 observer 观察者。其中，turtles 指的是在世界中可以移动的主体，例如羊吃草模型中的羊、狼。patches 指的是供主体在其上运行的瓦片，即具体的地理位置，世界是二维的，划分为由 patches 组成的网格，每个 patch 占据一个矩形小块，可以由 patch 界定 turtle 的具体定位。observer 是一个纵观全局的主体，具有掌控全局的信息并具有将信息传达或者通知给主体的能力。对于每一个 patch 而言，都是一个表示位置信息的二维地图坐标，软件界定了 patch 的坐标只能是整数，但是对于 turtle 来说，这个二维定位坐标可以不是整数，这意味着 turtle 不一定正好位于某一个 patch 的正中心，它可以位于 patch 的任意位置，实际上对于 turtle 而言，NetLogo 的空间是连续的。

模型中至少要有两种例程：初始化例程和仿真执行例程。初始化例程实现对模型初始状态的设置，生成模型所需要的主体，并设置他们的初始状态以及其他初始设置；仿真的执行通过例程"go"实现，在"go"例程中编写所需要执行的各种代码指令，完成仿真时间步的工作。

（1）模型概念：Trutle，Patch，Observer。

有两种类型的"活跃"对象在 NetLogo 中：Trutle 和 Patch。两者都是代理（Agent）。他们有决定其行为的规则，可以与其他代理人互动。

主要差异有：

①补丁不能移动。

②可以创建不同类型的"乌龟"（例如人、狗、猫、汽车等）（见图 4.21）。

图 4. 21　模型效果图

两者同样重要的是：观察者。

①监督所发生的一切，向海龟或补丁下达命令。

②控制其他事情，如数据输入/输出、虚拟时间等。

③海龟、瓦片和观察者都有各自的环境（见图4.22）。

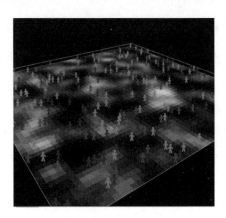

图4.22 环境示意图

（2）模型的变量。

在编程中，变量是一种存储信息的方式。例如：

my-name = "Lily"

year = 2022

pi = 3.142

infected = False

- 变量可以属于不同的模型中的对象。例如：
- Trutle 变量：姓名、年龄、职业、财富、精力；
- Patch 变量：高度，草的数量；
- Obsver 观察者（全局）变量：总财富、天气、时间、年份。

变量决定了对数据字段的访问（自主权）。不同的对象可以有不同的变量值（例如 my-name 变量对于每个代理可能是唯一的），变量可以在模型运行期间发生变化，也可以保持恒定值。

（3）模型概念：内置变量。

NetLogo 默认使用一些变量为内置变量（见图 4.23）。

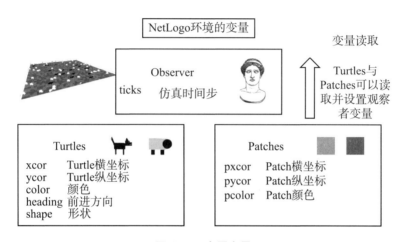

图 4.23　内置变量

（4）模型概念：命令。

命令是告诉 NetLogo 我们希望它做什么的方式，举例如表 4.2 所示。

表 4.2

命令	解释
show "Hello World"	打印 "Hello World" 到屏幕
set number-of-turtles 50	设置变量数值
ask turtles ［…］	令 turtles 执行命令
ask turtles ［set color red］	令 turtles 颜色变为红色
show count turtles	将 count 命令的结果传递给 show 命令

（5）用行为空间做实验。

当我们要研究的变量较多且需要锁定关键变量，并研究其灵敏度变化对所要研究对象的影响时，可以使用行为空间实验方法。当然，我们也可以多次地设置参数，然后分别进行实验，但是这样耗时较大，很可能几天都难以得出参数变化与研究对象之间关系的实验结果。行为空间可以同时设置多个变量变化情况与实验重复的次数，并可以将实验结果导出为 EXCEL 文件，方便我们用其他软件（例如 STATA、PYTHON 等）进行统计分析与处理（见图 4.24）。

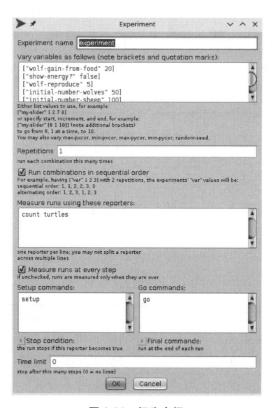

图 4.24　行为空间

4.4 本章小结

　　ABM 是一种对由自主交互主体组成的系统进行建模的方法。在各个领域和学科中有越来越多基于主体的应用程序，当主体的适应性和涌现是重要考虑因素时，ABM 更加适用。许多基于主体的软件和工具包已经被开发和广泛使用，多种协同因素的结合正在迅速推动 ABM 的发展，这些因素包括专门基于主体的建模方法和工具包的持续发展、基于主体建模的广泛应用、基于主体建模社区的集体经验增加、对行为是现有模型中重要缺失元素的认识，支持基于主体模型微数据的可用性不断提高，以及计算机性能的进步。综合来看，这些因素都表明 ABM 有望在未来对企业如何使用计算机支持决策、政府如何使用模型来制定和支持政策，以及研究人员如何使用电子实验室来进一步研究产生深远影响。

第5章

基于网络视角的顾客—企业
知识协同演化研究

如前所述，随着知识经济时代的到来，创新已成为服务企业立足的关键，服务企业的收益也越来越依赖于服务创新。而在服务创新过程中，顾客是服务企业重要的创新思想来源，顾客参与已成为创新能否成功的关键因素。顾客参与包含不同层面，从知识层面来讲，最重要的是顾客知识向企业的转移（张若勇等，2007）以及顾客与企业之间的知识协同创新。安克拉姆（Anklam）指出，企业通过"协同"的方式进行知识创新，能够消除"知识孤岛"，并可获得多主体、多目标、多任务间"1 + 1 > 2"的知识协同效应。本书将顾客与企业之间沟通与互动的关系视为复杂网络关系，那么如何在顾客与企业构成的复杂网络中提高知识协同的有效性，网络结构是一个制约因素。复杂网络的研究目的正是为了理解和解释构建于这些网络之上的系统运作方式（Newman，2003），这一目的遵循的系统结构决定了系统功能的思想，正是复杂网络上动力学研究遵循的基本思想，也是本书的出发点。鉴于此，本书从复杂网络视角考察顾客和企业的知识创新关系，并以知识密集型服务企业为研究对象，构建企业知识协同模型，采用复杂网络的平均最短路径和聚类系数来表征网络结构，试图找到对企业而言最有效的网络结构，从而优化整合知识资源，提高知识创新绩效，增强企业的动态竞争力。

顾客作为企业的"兼职"员工，是服务企业创新思想的重要源泉，顾客参与是服务创新的重要影响因素（杨雪等，2008）。顾客与企业之间的互动与知识协同会影响到服务创新绩效，这不仅可以令企业获得更有利的产品或服务开发曲线，而且可以降低创新过程中由"顾客导向性"导致的不确定性（Lundkvist & Yakhlef，2004），并通过顾客知识向企业的转移影响服务创新绩效（张若勇等，2007）。然而已有的研究主要是从理论或实证方面说明顾客参与对企业绩效的影响，研究顾客参与的方式，但是对于什么样的网络结构关系更有利于创新绩效方面的研究并不多。

近年来，知识协同的现象不断涌现，已成为协同化的发展趋势。从知识系统角度来考虑，知识协同是以知识创新为目标，由多个拥有知识资源的行为主体协同参与的知识活动过程，是组织优化整合知识资源的管理模式和战略手段（樊治平等，2007），本书将这一定义作为构建知识协同模型的依据。而顾客参与就是企业与顾客的沟通与知识互动，顾客与企业之间的这种联系构成了一个知识协同网络。樊治平等（2007）、李丹（2009）分别提出了知识协同的概念模型，他们都将知识协同视为以知识创新为目标任务的知识活动过程。知识协同过程涉及知识协同主体、知识协同媒介、知识协同客体与知识协同情境四要素（王慧，2009），对这些要素进行深入研究有助于提高企业协同效应。奥赫拉等通过分析跨项目团队的知识协同的社会网络，引入了一种可以使协同关系可视化的工具。纳古尼和强从定量方面构建了科研合作者跨学科的知识协同网络模型，并根据各种假设条件求出了最优解。然而已有的研究大都是关于科研合作者之间的知识协同网络，并且主体是对等的，研究不同主体知识协同方面的成果不多。巴索尔和劳斯从服务系统的价值共创角度考虑，认为服务经济中的价值是由顾客驱动和决定的，并在由价值参与者之间的直接和间接的关系构成的复杂网络中进行传播，本书研究的知识协同网络正是这样一种复杂网络。

沃茨、斯特罗加茨（1998）和巴拉巴斯、艾伯特（1999）在《自然》和《科学》上发表的两篇论文使学者们对复杂网络的研究掀起热潮。科万和约纳德（2004）研究了复杂网络上的知识流动和创新传播，雷根（2003）根据网络结构的两种不同特征——凝聚性和多样性，探讨了网络结构对知识转移的影响，结果显示这两种特征都促进了知识转移，弗里奇（2010）研究了区域创新网络中网络结构对知识转移的影响。网络结构强烈地影响着协同世界中思想和态度的传播，并且对企业的投资战略产生重要影响。从系统结构决定功能的角度看，研究网络结构意义重大。然而这些研究没有涉及不同类型的知识主体，且科万（2004）模型中"物物交换"的严格假定在实际中是不存在的。知识之所以能在不同的主体之间传播，是由于主体之间存在知识的差异，因此有关学者借用物理学中势能的概念来定义个体拥有的知识（齐丽云等，2008），本书借鉴了这一研究成果，将知识势能引入知识协同模型中。基于以上分析，本书针对顾客特点，根据知识异质性等条件对顾客进行分类，并从复杂网络的视角研究顾客参与，用知识协同模型模拟顾客与企业之间的知识协同行为；通过将"物物交换"的假定改为基于知识势能差的知识协同，并根据知识的贬值性特征引入遗忘率对科万的模型进行修改，构造出顾客—企业的知识协同模型；最后对顾客和企业员工的知识协同效果分别进行了衡量。本书用复杂网络的平均最短路径和聚类系数来表征网络结构，利用多主体建模开发平台NetLogo对规则网络、小世界网络、随机网络上的知识协同过程进行演化分析，试图找到对企业而言最有效的网络结构，为顾客—企业的网络构建提供理论依据和指导。

5.1 模型描述

知识协同是在知识互动的基础上形成的，对企业的知识管理水平要求较高。在各类企业中知识密集型服务企业是具有高知识流动、高创造与高产出的典型代表，其中的顾客大多具有创新能力和互动能力。本书以知识密集型服务企业为研究对象，抽象出其知识协同过程中的知识主体，为研究知识协同演化规则提供基础；并以知识创造能力和吸收能力作为顾客知识主体的特征将其分类，体现出顾客群体的知识异质性与知识能力分布的不对称性。

知识主体分为企业员工和顾客两类，每个主体与其他主体的连线代表知识协同关系。每个主体都有一个知识水平，每一个时间步都有一个主体被随机选中，并和邻居主体进行知识协同。当所有的主体都和近邻发生知识协同后，进入下一时间步。在知识协同网络中，主体之间的知识互动是通过联系进行的，而这些联系依赖于网络结构的模式和知识协同过程，因此确定网络结构参数至关重要。

5.1.1 顾客——企业知识协同网络描述

本书将知识协同网络抽象为无向连通网络，各个知识主体被抽象为节点。令 $C = \{1, \cdots, N\}$ 代表一个主体集合，$U \in C$ 为企业中参与知识协同的员工集合，$V \in C$ 为参与到企业服务创新中的顾客集合。对任意 $i, j \in C$，定义变量 $\xi(i, j)$，若 i, j 之间有联系时，$\xi(i, j) = 1$，否则 $\xi(i, j) = 0$。网络 $G = \{\xi(i, j); i, j \in C\}$ 是所有主体的关系对列表，$\Gamma_i = \{j \in C: \xi(i, j) = 1\}$ 是主体 i 的邻居集合，$d(i, j)$ 表示主体 i 到 j 的最短距离。

5.1.2 知识协同规则

顾客作为"合作生产者"参与到企业的服务创新中，与企业员工之间发生知识转移和创新，主体 i, j 在交互过程中发生知识溢出和创新，即知识基于"知识势能差"从高水平者传播到低水平者。知识协同过程还包含知识创新，由于创新成果是共享的，本书假设创新被一个主体承担。每个主体都有一个不同的知识水平，令 $v_i(t)$ 表示主体 i 在 t 时刻的知识水平；由于顾客具有的知识类型各不相同，模型中假设 $v_i(t)$ 是各种不同类型知识的综合水平；主体 i 的吸收能力 $\alpha_i \in (0, 1)$，创新能力 $\beta_i \in (0, 1)$，知识的遗忘率 $\delta_i \in (0, 1)$。本书根据科万的模型引入知识遗忘率即知识的贬值并伴随知识协同的全过程，而创新只发生在特定的时间段。主体在一个时间步的知识协同规则如下：由于知识贬值性即遗忘率 δ_i 的存在，主体 i 在 $(t+1)$ 时刻只能保存上一时刻 $(1-\delta_i)$ 部分的知识，并且会在特定的时间段根据创新率 β_i 进行创新，然后进行基于知识势能差的知识传播；假设主体 $j \in \Gamma_i$，如果 $(t+1)$ 时刻主体 i 的知识水平大于主体 j 的，则主体 j 根据自身的吸收率 α_j 对 t 时刻的知识进行更新，否则不更新。知识协同流程图如图 5.1 所示。

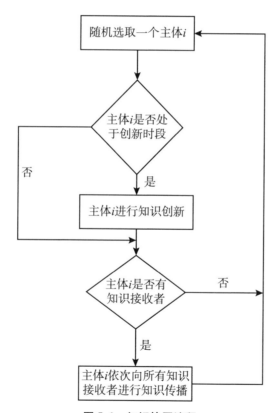

图 5.1　知识协同流程

主体的知识协同规则用公式表示如下：

$$v_i(t+1) = (1-\delta_i)v_i(t) \times (1+\beta_i) \tag{5.1}$$

$$v_j(t+1) = \begin{cases} v_j(t) + \alpha_j\{v_i(t+1) - v_j(t)\}, & v_i(t+1) > v_j(t) \\ v_j(t), & v_i(t+1) \leq v_j(t) \end{cases}$$

$$\tag{5.2}$$

5.1.3　知识协同网络构造

对于网络 G 的构造，本书采用 WS 小世界构造方法，通过以某个概率 p 对规则网络进行重连，实现规则网络到随机网络的过渡。图5.2是规则网络（总体 12 个节点，其中员工节点 3 个，顾客节点 9 个；每个节点 4 条边）向随机网络变化的示意图（变化过程中不改变总节点数和总边数）。由于本书涉及两类不同节点，图5.2用两种符号分别表示。对于初始的环形规则网络，以概率 p 对其重连，显然当 $p=0$ 时，相当于各边未重连，还是规则网络；当 $p=1$ 时，变为随机网络，当 $0<p<1$ 时，按顺时针方向，选出一个节点以及这个节点与一阶邻居节点的一条边，以

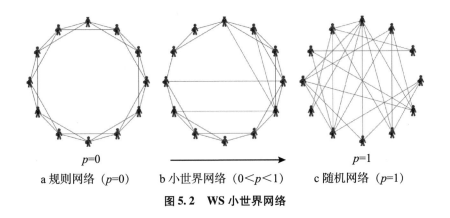

p=0　　　　　　　　　　　　　　　　　　　p=1

a 规则网络（p=0）　　　b 小世界网络（0<p<1）　　　c 随机网络（p=1）

图5.2　WS 小世界网络

概率 p 重连到其他节点，目标节点在整个网络中以同样的概率选出，排除自连接和重连接。处理完所有节点为一次循环，下一轮重连对象为二阶邻居节点的边，重连方法同上，所有边都被处理过后，停止循环。

5.1.4 网络结构测度指标

网络结构测度指标可以很好地反映网络的局部与全局变动情况，便于控制企业知识协同的进展。本书采用两个典型的复杂网络结构测度指标平均最短路径与聚类系数来表征知识协同网络结构。

（1）平均最短路径。

网络中两个节点 i 和 j 之间的距离 d_{ij} 定义为这两个节点之间测地线的条数，网络中任意两个节点之间距离的平均值 L 定义为网络的平均最短路径长度，用公式（5.3）表示，L 反映了网络资源的整合效率。路径越长，知识协同越慢，企业获取资源的成本越高，效率就越低；反之，路径越短，知识协同越快，资源利用的成本越低，效率越高。

$$L = \frac{1}{N(N-1)/2} \sum_{i>j} d_{ij} \qquad (5.3)$$

（2）聚类系数。

聚类系数反映了知识协同网络中主体间的聚集程度。假设网络中的一个节点 i 与 k_i 个邻居节点直接相连，而这 k_i 个节点之间实际存在的边数 E_i 与可能存在的最多的边数 $k_i(k_i-1)/2$ 之比 c_i 就定义为节点 i 的聚类系数，即 $c_i = 2E_i/k_i(k_i-1)$。整个网络的

聚类系数 C 就是所有节点 i 的聚类系数 c_i 的平均值，用公式表示如下：

$$C = \frac{1}{N} \sum_i \frac{2E_i}{k_i(k_i - 1)} \qquad (5.4)$$

本书中的知识主体根据式（5.1）和式（5.2）所列的知识协同规则分别在图5.2所示的三种网络结构中进行知识协同，而网络结构以式（5.3）和式（5.4）所列的平均最短路径和聚类系数为表征。通过模拟演化不同网络结构上的知识协同行为，试图找出对企业而言最有效的网络结构。

5.1.5　知识协同效应评价指标

对于某个重连概率 p 所对应的网络结构，在 t 时刻，知识协同网络绩效的衡量根据知识主体的不同，对顾客和企业员工的知识协同效果分别进行了衡量。本书的研究是从企业角度出发的，主要关注员工的知识协同效果，因此对不同知识主体的知识协同效果分别进行衡量具有实践意义。

（1）平均知识水平。

t 时刻，总体知识平均水平为：

$$\bar{v}(t) = \frac{1}{N} \sum_{i \in C} v_i(t) \qquad (5.5)$$

员工平均知识水平为：

$$\bar{v}_u(t) = \frac{1}{N} \sum_{i \in U} v_i(t) \qquad (5.6)$$

顾客平均知识水平为：

$$\bar{v}_v(t) = \frac{1}{N}\sum_{i\in V} v_i(t) \tag{5.7}$$

由不同时刻总体知识平均水平可知总体知识增长率为:

$$\rho(t) = \frac{\bar{v}(t)}{\bar{v}(t-1)} - 1 \tag{5.8}$$

总体平均知识水平和总体知识增长率用以描述知识协同演化的整体情况,顾客平均知识水平和员工平均知识水平分别用以描述顾客和员工的知识协同演化情况。

(2)知识方差。

t 时刻,不同知识主体的总体知识方差为:

$$\sigma^2(t) = \frac{1}{N}\sum_{i\in C} v_i^2(t) - \bar{v}^2(t) \tag{5.9}$$

员工知识方差为:

$$\sigma_u^2(t) = \frac{1}{N}\sum_{i\in U} v_i^2(t) - \bar{v}_u^2(t) \tag{5.10}$$

顾客知识方差为:

$$\sigma_v^2(t) = \frac{1}{N}\sum_{i\in V} v_i^2(t) - \bar{v}_v^2(t) \tag{5.11}$$

由于方差会随着知识存量的增大而增加,因此改用绩效风险管理中的标准离差率代替方差。则总体标准离差率为:

$$c(t) = \frac{\sigma(t)}{\bar{v}(t)} \tag{5.12}$$

员工标准离差率为:

$$c_u(t) = \frac{\sigma_u(t)}{\bar{v}_u(t)} \tag{5.13}$$

顾客标准离差率为:

$$c_v(t) = \frac{\sigma_v(t)}{\overline{v}_v(t)} \qquad (5.14)$$

总体标准离差率用以衡量总体的知识共享程度，方差越大，说明知识在所有主体间的分布越不均匀。顾客标准离差率和员工标准离差率分别用以衡量知识在顾客和员工中的分布均匀情况。

5.2 网络初始参数设定

根据一般的知识密集型服务企业规模以及如前所述知识主体的特点，取网络节点数 $N = 200$（员工与顾客节点总数），$k = 6$，员工所占比例为 $s = 0.2$，顾客所占比例为 $(1-s)$，在顾客中按 e 比例设定特定角色。主体 i 的初始知识水平为 $v_i(t)$，由于本书主要研究顾客知识向企业的传播，因此设置顾客知识水平初始值为 random$(0, 1) + 0.1$，略高于员工，吸收能力 $\alpha_i =$ random $-$ float$(0, 0.1)$，创新能力 $\beta_i =$ random $-$ float$(0, 0.1)$，遗忘率 $\delta_i =$ random$(0, 1)$。员工初始知识水平为 random $-$ float$(0, 1)$，吸收能力 $\alpha_i =$ random $-$ float$(0, 0.1) + 0.01$，创新能力 $\beta_i =$ random $-$ float$(0, 0.1) + 0.01$，吸收能力和创新能力略高于一般顾客，遗忘率 $\delta_i =$ random$(0, 1)$。为保证组织发生知识的协同，在顾客中取 $e = 0.05$ 的个体为专家，拥有知识值 3。选取重连概率 $P(P \in \{0.001, 0.09, 1\})$ 生成网络。当 $P = 0.001$ 时，网络接近于规则网络，网络的集聚系数大、平均距离长；当 $P = 0.09$ 时，该点附近属于网络小世界效应最明显的区域，网络的集聚系数大、平均距离短；当 $P = 1$ 时，网络为随机网络。如表 5.1 所示。

表 5.1　　　　　　　　　**网络结构特征参数**

重连概率 P	聚类系数 C	平均最短路径 L	重连边数
0.001	0.6	17.085	0
0.09	0.46	4.508	57
1	0.028	3.147	600

每个时段初，网络中知识主体进行一次互动，每个主体按式（5.1）更新知识，并在特定的时段创新，然后按式（5.2）与所有邻居节点进行知识协同，所有的主体执行完后进入下一轮。假设仿真中的一轮模拟实际时间 1 周，每一轮重复试验 50 次。网络的统计指标包括知识协同效应与网络结构两方面。对于知识协同效应，使用每个时刻平均知识水平和知识创造量增速来度量知识协同效应的变化。同时，网络结构方面，使用聚集系数与平均最短路径长度测度整体网络的结构变化。仿真选用 NetLogo 多主体平台，并用 MATLAB 7.0 绘制知识协同效应变化曲线。

5.3　知识协同效应演化结果分析

模型仿真 200 个时间步长，每一时间步重复 50 次。为了直观列示仿真结果，选取 90 个时间步长的数据绘成图 5.3。由于模型中涉及顾客和企业员工两类不同的知识主体，所以将仿真结果分开列示。图 5.3 为用 NetLogo 绘制的顾客—企业知识协同网络图，图中节点分别代表顾客和企业员工，节点大小反映知识存量的高低。

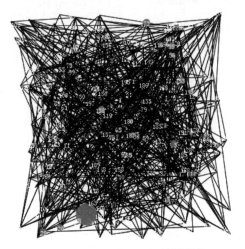

图5.3　顾客—企业知识协同网络

（1）平均知识水平演化曲线。

图5.4～图5.6显示的是平均知识水平演化情况，顾客和员工的平均知识水平和总体演化情况趋于一致。值得关注的问题是在刚开始的时段，随机网络是占优的，一种可能的解释是，在刚开

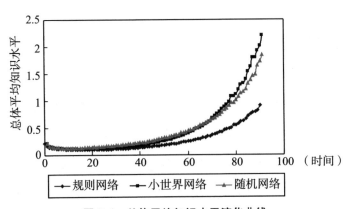

图5.4　总体平均知识水平演化曲线

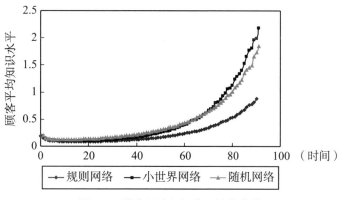

图 5.5　顾客平均知识水平演化曲线

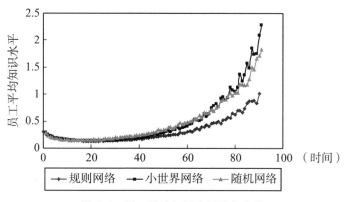

图 5.6　员工平均知识水平演化曲线

始知识水平都较低的情况下，最短路径起到了重要作用，有利于加速知识传播，促进知识协同。由于本模型中考虑了知识创新，知识水平的增加有创新和吸收两种途径，所以知识增速较快，随着知识水平的不断提高，聚类系数起到了重要作用，小世界的优势逐渐凸显，即聚类系数对知识协同的作用越来越大。

（2）标准离差率演化曲线。

图 5.7～图 5.9 显示的是衡量知识传播均匀程度的标准离差率，

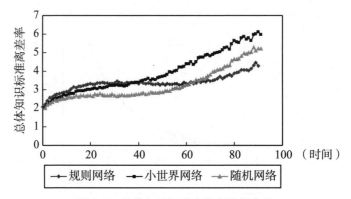

图5.7　总体知识标准离差率演化曲线

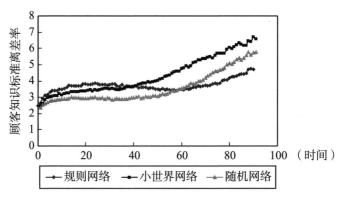

图5.8　顾客知识标准离差率演化曲线

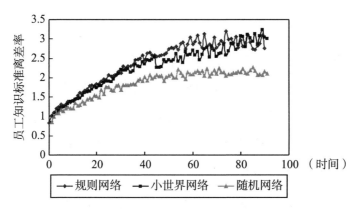

图5.9　员工知识标准离差率演化曲线

即知识方差与均值的比率。图中小世界作用似乎并没有发挥优势，相反随机网络的知识分配在开始的很长一段时间内是最公平的。当然企业主要关注的是员工的知识情况，而图中小世界的方差与均值比明显高于同等条件下的随机网络，一种贴近现实的解释是正是小世界中这种高于随机网络的知识分配不均匀性，对知识主体造成一定的压力，才促进知识主体不断创新，提高知识水平。企业中员工的知识水平，必定有高低之分，如果趋同，那企业将失去活力，失去创新的一大源泉。所以在服务创新中，知识分配的相对不均匀性对促进企业创新及提高企业知识水平有很大作用。

（3）知识增长率演化曲线。

图5.10显示的是总体知识增长率演化情况，在同一时刻，小世界的知识增长率在大部分情况下是最高的，再一次发挥了小世界的优势，即较大的聚类系数，较小的平均最短路径。

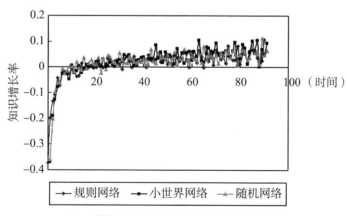

图5.10　知识增长率演化曲线

本章根据知识密集型服务企业中知识主体的特点进行仿真分析，模拟了特定网络结构下知识协同的演化过程，并根据网络结构的两种不同特征——聚类系数和平均最短路径，探讨了网络结构对知识协同的影响。研究结果显示，较大的聚类系数和较小的平均路径都促进知识协同。重连概率 p（$p=0$，0.09，1）不同，知识协同绩效也不同。当 $p=1$（随机网络）时，网络几乎没有局部结构，但是主体之间的平均最短路径很短，所以知识主体在知识协同的早期能达到较高的知识水平。当 $p=0$（规则网络）时，网络是局部紧密结合的，但是路径较长，较长的路径抵消了聚类系数的作用，因此规则网络显示不出知识协同的优势。而 $p=0.09$ 的小世界网络，综合了前两者的优势，既有较短的路径，又有较大的局部集聚性，在模型演化一小段时间后，聚类系数的作用逐渐凸显，并在长期中保持优势。同时，小世界网络中知识分配的相对不均匀性对促进企业创新、提高企业知识水平亦有很大作用。所以根据组织政策制定的时间特点，不同的网络结构在不同的时期各有特色。

本章为管理者提供了一些启示：通常管理者评价创新绩效的好坏只关心产出和花费的时间，然而对知识转移的网络因素表明他们产生的网络模式也应该纳入考虑因素之中。随机网络对知识传播是比较公平的，但只在最初的一小段时间内有优势，在其后更长的时间内，小世界网络都是最优的。因此，如果服务企业中顾客参与的创新项目是需要在短期内完成的，更关注短期绩效，那么随机网络则优于其他网络结构，而且在顾客和员工的知识水平没有较大差异时能达到更理想的效果。如果顾客参与的创新项目属于长期计划，那么小世界的网络结构更有助于企业达到理想绩效，而且此时顾客和员工知识之间的异质性会促进最终的知识协同绩效。一般情况下，企业尤其是知识密集型服务企业，关注的是创新成果和最终的知识协同效果，尤其是长期的效果，因此在有顾客参与的服务创新中，企业应该建立具有小世界结构特征的知识协同网络。但是在小世界网络结构中，聚类系数和最短路径如何搭配才能最大限度地促进知识协同，还需要进行更深入的研究。

第6章

基于主体策略和网络结构更新的
顾客—企业知识协同演化研究

在全球经济一体化的趋势下，市场竞争日趋激烈。企业特别是知识密集型企业要想生存下去，必须保持核心竞争力。奥莱森（Olaisen，2017）指出，企业创新是提高核心竞争力的重要因素。森贝托（Senbeto，2020）认为，低创新绩效（高风险和高失败率）是许多企业面临的一个大问题。如何提高企业的创新能力已经成为一个需要高度重视的热点问题。由于创新不是孤立存在的，企业必须依靠自己和合作者的力量来培养并提升创新能力。这要求企业树立开放式创新的概念，并从客户和合作伙伴等多种渠道获得创新的源泉。

在知识密集型产业中，复杂多变的市场环境加速了其对知识的需求。然而，当企业的知识不能满足市场需求时，就会造成现有知识水平与需求之间的差距。客户参与可以有效填补这一知识空白。客户的知识被企业吸收，并随着企业知识的发展而发展，从而创造出满足市场需求的新资源。因此，顾客参与已成为成功创新的关键因素。从知识的角度来看，最重要的因素是客户知识向企业的转移以及客户与企业之间的知识协同创新。安克拉姆指出，通过"合作"方式进行知识创新可以有效地消除"知识孤岛"，在多主体和多任务之间实现"1＋1＞2"的知识协同效应。多兹和沃茨（2007）研究了当代理人之间的网络结构随代理人战略行为而动态变化时出现的群体合作行为问题，这里的主要思想是代理人不仅模仿他们能观察到的最有利可图的邻居代理人的战略，而且通过计算成本和收益有选择地添加和（或）删除边缘，由此产生网络结构进一步影响代理人的战略行为。在客户—企业知识协同过程中，由于心理因素、外部环境和激励政策等各种主、客观条件，知识代理人对知识接收和传播的态度不同。本章引入了代理人的不同战略态度，考虑了基于代理人战略行为和动态网络结构的客户—企业知识协调网络的演化，旨在探讨何种策略更有利于知识合作绩效，以及网络结构和主体的策略行为对知识合作绩效的影响。研究结果为顾客参与的知识协同网络提供了一个新的视角，可以提高企业创新的效率和效果。

6.1 客户参与

客户是企业创新的重要动力来源。崔和吴（2016）认为，客户与员工共同开发产品是对公司创新过程有价值的知识。作为公司的"兼职"员工，客户被认为是企业创新理念的重要来源（Hoyer，Chandy，Dorothy，Craft，Singer，2010）。创新系统激发的协同效应是应用基于知识开放创新战略的产物，客户是开放创新系统的关键要素。在客户—企业知识交互和协作的主要过程中，客户根据自己的需求在一定条件下向企业传达他们关于产品和服务的知识，然后企业衡量这些知识的成本和收益，并选择有用的信息来创造价值。凯洛格（1997）指出，客户参与活动包括事先准备、信息交换、关系建立和干预行为在此基础上分析食品、教育、维修、零售、休闲、医疗、保险、银行和其他行业的客户参与价值链的角度及客户参与的不同维度。客户参与定制的过程可以分为准备、参与和评估阶段，客户参与链模型包括三个重要的增值活动，即需求确认、服务支持和联合开发。恩牛和宾克斯探讨了超过1200家小企业的员工和客户之间的互动，并从客户与企业互动的角度提出了客户互动的三个维度，其中之一是从客户到服务员工的信息共享，在本章中，客户和员工之间的知识协同也是基于此种观点。具体来说，客户—企业互动和知识协同将影响服务创新绩效；这不仅会使企业获得更有利的产品或服务开发曲线，还将减少创新过程中"以客户为导向"造成的不确定性（Lundkvist & Yakhlef，2004）。顾客知识向企业的转移也会影响服务创新绩效。然而，已有研究主要从理论或实证的角度解释了客户参与对企业绩效的影响（Alam，2002；Alam & Perry，2002；Ulwick，2002），或者检验了客户参与的方法（Matthing，Sanden，Edvardsson，2004）。关于更新策略和客户与企业的网络结构对知识协同影响的研究相对较少。为了弥补这一差距，需要进一步研究合作战略和动态结构对创新绩效的影响。

6.2 知识协同

知识系统是一种组织战略方法，能够动态地整合内部和外部系统、业务流程、技术和关系，以实现最大的业务绩效（安克拉姆，2005）。知识协同是一种非平衡系统，其内部子系统的整体联合运作可以通过相互影响达到"1 + 1 > 2"的效果。共同进化对于知识和创新的进步和进化是不可或缺的（卡拉杨尼斯、坎贝尔、格里戈里斯，2021）。知识协同的过程涉及四个要素：代理人、媒体、对象和知识协同的场景，对这些要素的深入研究将有助于提高企业协作效果。李等建立了一个关系矩阵，提出了一个传输加权的复合网络。具体来说，当管理者和员工在网上工作更聪明、更环保时，他们会更满意，并提供更好的解决方案（奥莱森和吴纲明，2017）。道塞特（Dousset，2005）提出了一个复杂的知识网络模型，将复杂的网络方法应用于知识网络的研究，并使用计算机模拟来实现这个模型。结果显示，在不同的网络更新策略下，具有后向知识存量的网络缩短了与高级网络的距离，提高了网络密度和边缘权重。选择将较高的中心性与中介代理相结合，无形中成为促进知识快速流动的有效手段。在前期复杂社会网络建模研究的基础上，杨波提出了网络结构与代理战略行为的动态耦合模型（STC），这是一个网络结构与代理战略行为的动态耦合模型，该模型研究了代理人行为策略对网络结构演化的影响，引入了复杂的网络测量指标，如程度异质性和聚集系数来测量网络，并使用模拟和多变量回归技术来分析网络结构中微观变量的影响。郝等通过门槛面板数据模型研究了知识型网络结构洞与企业短期和长期创新绩效之间的非线性关系。

目前对知识协同概念的理解意味着它由两个主要因素组成，即知识代理人的行为和代理人之间的关系。个别代理人具有不同的知识水平，导致了一定程度的异质性。本研究包括两类不平等的代理人，即客户和雇员。这些类型的代理人之间的关系构成了一个社会网络。网络结构和代理人的战略行为随着代理人的利润和外部环境的变化而动态变化。然而，以前的研究大多只讨论了知识合作的既定模式，没有考虑代理人的战略行为或网络结构的变化对知识合作的影响，主要是研究合作者之间的知识网络，很少对异质代理进行研究。为了解决这个问题，应该进一步研究代理人的异质性和动态机制的影响。

由前述介绍可知，不同的网络结构对知识协同绩效的影响是不同的，但主要是针对顾客—企业知识协同网络的建模所提出的。由于受各种主观和客观条件的影响，如心理因素、外部环境、激励政策等，知识主体对于知识接收与传播所持态度不同，进而在知识协同过程中会采取不同的策略。本章涉及的演化模型则主要是根据主体采取的不同策略研究动态网络上的主体行为，且模型中引入了演化博弈理论的相关思想，即将主体的策略行为和网络结构相结合，为有顾客参与的知识协同网络研究提供一个新的视角，提高企业服务创新的效率和成功率。

在有顾客参与的服务创新过程中，顾客和企业员工这两类知识主体在进行知识协同的过程中通过不断创新、知识传播、沟通交流等慢慢地积累知识，共同为企业的服务创新作贡献。而在顾客—企业知识协同的过程中，主体会有不同的策略选择，本书考虑两种不同的策略：积极地进行知识的传播、接受和消极地进行知识的传播，分别用 C、D 表示，而且主体的策略会根据知识水平的大小（知识收益）随时间进行更新；同时，网络结构也不是一成不变的，主体会根据知识收益以一定的网络更新规则改变知识协同对象，反映到知识协同网络上即为增、删边活动。

6.3 模型描述

本书借助花子（2007）等在 2007 年创建的演化社会网络上的合作模型（WHP 模型）模拟现实动态顾客——企业知识协同网络结构，网络中的节点分别代表顾客、企业员工两类知识主体，边代表主体之间的知识协同关系。令 $C = \{1, \cdots, N\}$ 代表主体集合，$U \in C$ 为企业中参与知识协同的员工集合，$V \in C$ 为参与到企业服务创新中的顾客集合。对任意 $i, j \in C$，定义变量 $\xi(i, j)$，若 i, j 之间有联系时，$\xi(i, j) = 1$，否则 $\xi(i, j) = 0$。网络 $G = \{\xi(i, j); i, j \in C\}$ 是所有主体的关系对列表，$\Gamma_i = \{j \in C: \xi(i, j) = 1\}$ 是主体 i 的邻居集合，$d(i, j)$ 表示主体 i 到 j 的最短距离。

假设网络中每个主体都拥有一定的知识水平，本书中用 $v_i(t)$ 表示主体 i 在 t 时刻的知识水平；由于顾客具有的知识类型各不相同，模型中假设 $v_i(t)$ 是各种不同类型知识的综合水平。为保证组织发生知识的协同，在顾客中按一定比例 e 设定特定角色拥有较高的知识水平。主体 i、j 在交互过程中发生知识溢出和创新，此过程基于两种机制：一是基于"知识势能差"从高水平者传播到低水平者；二是基于知识传播者和知识接收者对知识协同的态度，这对应于本书提出主体的两种策略。用 $\pi(a_i, a_j)$ 表示网络中的主体在知识协同过程中所获得的收益，a_i、a_j 分别表示知识传播主体和知识接收主体所采取的策略，$\pi(a_i, a_j)$ 的大小取决于主体在知识协过程中所采取的策略。知识协同过程还包含知识创新，由于创新成果是共享的，本书假设创新被一个主体承担。每个主体不仅知识水平不同，学习能力也不同，知识接收者不可能一下就掌握所学的全部知识。综上所述，本书引入关于主体 i 的吸收能力 α_i，$\alpha_i \in (0, 1)$，创新能力 β_i，$\beta_i \in (0, 1)$，知识的遗忘率 δ_i，$\delta_i \in (0, 1)$。本书根据科万的模型引入知识遗忘率，即知识的贬值伴随知识协同的全过程，而创新只发生在特定的时间段内。主体在一个时间步的知识协同规则如下：由于知识贬值性即遗忘率 δ_i 的存在，主体 i 在 $(t+1)$ 时刻只能保存上一时刻 $(1-\delta_i)$ 的部分知识，并且会在特定的时间段根据创新率 β_i 进行创新，然后根据不同主体采取的策略进行知识协同，得出知识收益矩阵，并根据策略更新规则决定下轮采取的策略。同时，网络结构也不是一成不变的，收益水平低的主体会根据一定的结构更新规则在下一轮中改变知识协同对象（改变邻居节点），即进行增、删边活动。

6.3.1 主体策略选择及演化

在知识协同过程中，由于企业员工和顾客所处的环境不同，表现出来的知识协同态度也有所不同。作为知识传播者，考虑到自己对知识传播的成本、接收方对知识的吸收能力、对知识进行传播的难易程度以及对服务创新成果的预期，有两种知识传播策略：积极地进行知识传播和消极地进行知识传播；作为知识接收者，考虑到自己现有的知识水平和知识传播者之间的知识差距大小、自己对知识的消化吸收能力、接收知识的机会成本以及对服务创新的预期等，也有两种知识接收策略：积极地进行知识接收和消极地进行知识接收。本书假设每隔 η 时间步，每个主体会重新选择知识协同策略，具体规则如下：每隔 η 时间步，每个主体会与邻居主体比较知识协同过程中获得的知识收益，若自身收益最大，则维持现有策略不变，若有比自己收益大的邻居主体，则选择获益最大的邻居主体的策略作为自己下一轮的新策略。

6.3.2 网络结构演化

知识协同网络结构也不是一成不变的，而是随时间演化不断更新的。本书假设每隔 τ 时间步，网络结构会更新。假设有一个纵观全局的管理者，能根据主体的服务创新等成果对主体的知识水平进行排序，并在特定的时间段告知知识收益最小的 n 个主体。具体规则如下：每隔 τ 时间步，在上一轮知识协同过程中，总获益最小的 n 个主体，如果不是孤立节点，则会随机断开一个现有的连接，然后进行全局搜索；如果是孤立节点，则直接进行全局搜索。考虑到和知识收益最大的主体建立连接成本比较大，相对比较困难，所以为了扩大搜索范围，进行全局搜索的主体从总收益大于平均收益水平的主体中随机选择一个建立新的连接，在下一轮中，主体根据更新后的网络连接情况和上一轮中采取的知识协同策略进行知识协同。

6.3.3　知识协同流程

基于以上内容，我们设计知识协同流程如下：

（1）设定网络节点总数、总体中企业员工所占的比例、顾客中专家所占比例、每个节点的邻居数及随机重连概率。

（2）每个时间步，从网络中随机选择一个主体，同所有邻居主体进行基于主体策略选择的知识协同活动，所有主体执行完该活动后，进入下一时间步。

（3）每隔 η 时间步，每个主体会根据策略更新规则重新选择知识协同策略，并在下一轮知识协同过程中对所有知识协同对象采取更新后的策略。

（4）假设每隔 τ 时间步，在上一轮知识协同中总获益最小的 n 个主体，会根据网络结构更新规则更换知识协同对象（即更换邻居节点），引起网络结构更新。

（5）重复第（2）、第（3）和第（4）步骤，直到网络中的演化时间达到事先规定的演化时间上限。

知识协同流程如图6.1所示。

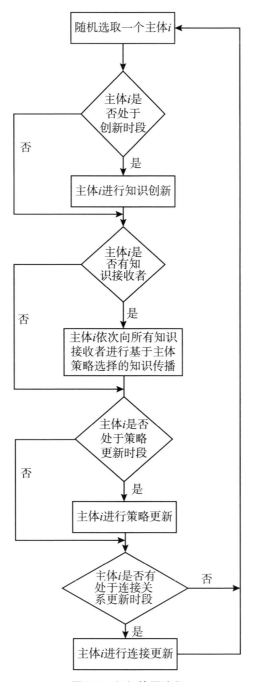

图 6.1 知识协同流程

6.3.4 知识协同规则和考察指标

（1）知识协同规则。

在时间步（$t+1$），对于知识传播者 i，首先根据自己在上一时间步即 t 时刻的知识、一定的知识遗忘率和创新率进行知识创新，如式（6.1）所述：

$$v_i(t+1) = (1-\delta_i) \times v_i(t) \times (1+\beta_i) \tag{6.1}$$

然后依次和所有邻居主体进行基于主体策略选择的知识协同。假设主体 $j \in \Gamma_i$，如果（$t+1$）时刻主体 i 的知识水平大于主体 j 的，则主体 j 为主体 i 的一个知识接收者。对于知识传播主体 i 有两种策略可供选择：积极地进行知识传播 C 和消极地进行知识传播 D，并假设主体 i 对所有邻居主体采取的策略相同；对于知识接收主体 j 也有两种策略可供选择：积极地进行知识接收 C 和消极地进行知识接收 D。由此可得在一轮知识协同过程中主体的知识收益矩阵如表 6.1 所示。

表6.1 知识收益矩阵

知识主体/状态		知识接收主体 j	
		C	D
知识传播主体 i	C	$\pi(C, C)$	$\pi(C, D)$
	D	$\pi(D, C)$	$\pi(D, D)$

如果知识传播者 i 选择积极地进行知识传播 C，知识接收者 j

选择积极地进行知识接收 C，则双方进行基于知识势能差的知识传播，主体 j 根据自身的吸收率 α_j 对 t 时刻的知识进行更新，则主体 j 在 $(t+1)$ 时刻的知识收益如下：

$$\pi(C, C) = v_j(t) + \alpha_j \times \{v_i(t+1) - v_j(t)\} \qquad (6.2)$$

如果知识传播者 i 选择积极地进行知识传播 C，知识接收者 j 选择消极地进行知识接收 D，则双方进行基于知识势能差和知识接收主体 j 的策略的知识传播，此时知识接收者 j 不会竭尽所能地吸收知识，而只会花费部分精力吸收知识，此处引入知识接收主体 j 的消极知识吸收系数 μ，刻画其对吸收知识花费精力的程度。主体 j 根据自身的吸收率 α_j 和消极知识吸收系数 μ 对 t 时刻的知识进行更新，则主体 j 在 $(t+1)$ 时刻的知识收益如下：

$$\pi(C, D) = v_j(t) + \alpha_j \times \{v_i(t+1) - v_j(t)\} \times \mu \qquad (6.3)$$

如果知识传播者 i 选择消极地进行知识传播 D，知识接收者 j 选择积极地进行知识接收 C，则双方进行基于知识势能差和知识传播主体 i 的策略的知识传播，此时知识传播者 i 不会把自己的知识毫无保留地传播给知识接收者 j，而是把自己的部分知识传播给主体 j，此处引入知识传播主体 i 的消极知识传播系数 γ，刻画其对知识的保留程度。主体 j 根据自身的吸收率 α_j 和主体 i 的消极知识传播系数 γ 对 t 时刻的知识进行更新，则主体 j 在 $(t+1)$ 时刻的知识收益如下：

$$\pi(D, C) = v_j(t) + \alpha_j \times \{v_i(t+1) \times \gamma - v_j(t)\} \qquad (6.4)$$

如果知识传播者 i 选择消极地进行知识传播 D，知识接收者 j 选择消极地进行知识接收 D，则双方进行基于知识势能差、知识传播主体 i 的策略、知识接收主体 j 的策略的知识传播，主体 j 根

据自身的吸收率 α_j、消极知识吸收系数 μ 以及主体 i 的消极知识传播系数 γ 对 t 时刻的知识进行更新，则主体 j 在 $(t+1)$ 时刻的知识收益如下：

$$\pi(D, D) = v_j(t) + \alpha_j \times \{v_i(t+1) \times \gamma - v_j(t)\} \times \mu \quad (6.5)$$

（2）考察指标。

本章对知识协同绩效的考察，除了第 3 章提出的考察指标外，还有合作水平 $\rho_C(t)$。用于刻画在特定的时刻，主体总数为 N 的网络中，采取积极知识协同策略 C 的个体 $N_C(t)$ 所占的比例，用公式表示如下：

$$\rho_C(t) = \frac{N_C(t)}{N} \quad (6.6)$$

6.4 网络初始参数设置

如前所述知识主体的特点，取网络节点数 $N=50$（员工与顾客节点总数），$k=6$，按网络重连概率 $p=0.09$ 构造小世界网络，员工所占比例为 $s=0.2$，顾客所占比例为 $(1-s)$，在顾客中按 e 比例设定特定角色。主体 i 的初始知识水平为 $v_i(t)$，由于本书主要研究顾客知识向企业的传播，因此设置顾客知识水平初始值为 random − float$(0, 1) + 0.1$，略高于员工，吸收能力 $\alpha_i = $ random − float$(0, 0.1)$，创新能力 $\beta_i = $ random − float$(0, 0.1)$。遗忘率 $\delta_i = $ random$(0, 1)$。员工初始知识水平为 random − float$(0, 1)$，吸收能力 $\alpha_i = $ random − float$(0, 0.1) + 0.01$，创新能力 $\beta_i = $ random − float$(0, 0.1) + 0.01$，吸收能力和创新能力略高于一般

顾客，遗忘率 δ_i = random（0，1）。知识传播主体 i 的消极知识传播系数 γ = 0.7，知识接收主体 j 的消极知识吸收系数 μ = 0.8。为保证组织发生知识的协同，在顾客中取 e = 0.05 的个体为专家，拥有知识值3。

每个时段初，网络中知识主体进行一次互动，每个主体按式（6.1）更新知识，并在特定的时段创新，然后按式（6.2）~ 式（6.5）与所有邻居节点进行知识协同，所有的主体执行完后进入下一轮。假设仿真中的一轮模拟实际时间1周，每一轮重复试验50次。网络的统计指标包括知识协同效应与网络结构两方面。对于知识协同效应，使用每个时刻平均知识水平知识创造量增速和选择积极态度C的主体所占比例来度量知识协同效应的变化。同时，网络结构方面，使用聚集系数与平均最短路径长度测度整体网络的结构变化。仿真选用 NetLogo 6.2.0 多主体平台，并用相关统计软件绘制知识协同效应变化曲线。

6.5　知识协同效应演化结果分析

6.5.1　相关定义

本实验中涉及两种不同类型的主体：顾客 customer 和企业员工 servant，所以在模型开始前，要对主体进行种类定义。

首先，模型切换到例程页，输入如图6.2所示的代码。

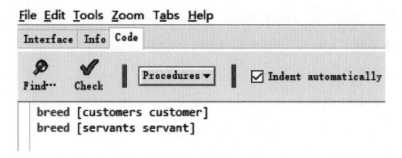

图 6.2　主体种类定义

　　然后，对实验中用到的一些变量进行定义，globals 是全局变量，observer 及定义的两类主体都可以访问，turtles-own 是指 turtle 的属性，这里 customer 及 servant 两类主体都可以访问，如果定义 customers-own 则只有 customer agent 可以访问，其代码如下：

```
breed[customers customer]
breed[servants servant]
turtles-own        ;turtles 的属性
[
   strategy         ;主体策略
   absorb-rate       ;知识吸收率
   forget-rate        ;知识遗忘率
   innovation-rate       ;知识创新比例
   kv          ;knowledge-vector 知识存量
   old-kv       ;以前的知识存量

   node-clustering-coefficient       ;节点聚类系数
```

```
    distance-from-other-turtles        ;与其他节点的距离

]

links-own    ;链的属性

[

    rewired?              ;是否重连

]


globals    ;全局变量

[

    total-kv    ;总体知识水平

    total-mean-kv       ;总体平均知识水平

    total-mean-old-kv   ;上一时间节点的总体平均知识水平

    servant-mean-kv        ;员工平均知识水平

    servant-mean-old-kv   ;上一时间节点的员工平均知识水平

    customer-mean-kv;顾客平均知识水平

    customer-mean-old-kv;上一时间节点的顾客平均知识水平

    total-sd    ;总体标准离差

    customer-sd    ;顾客标准离差

    servant-sd    ;员工标准离差

    sd-mean    ;标准离差均值

    increase-rate    ;增长率

    customer-increase-rate    ;顾客增长率

    servant-increase-rate    ;员工增长率


    ;以下代码块是创建小世界网络结构用的
```

```
  interval
  clustering-coefficient              ;聚集系数
  average-path-length                    ;平均最短路径
  clustering-coefficient-of-lattice
  average-path-length-of-lattice
  infinity                    ;极限值
  highlight-string                 ;标亮
  number-rewired                    ;重连的链接数
  rewire-one?          ;是否重连一条连接
  rewire-all?          ;是否全部重连
]
to startup
  set highlight-string" "
end
```

6.5.2 创建 setup 按钮及代码

创建 setup 按钮在弹出的对话框 commands 栏输入 setup，如图 6.3：

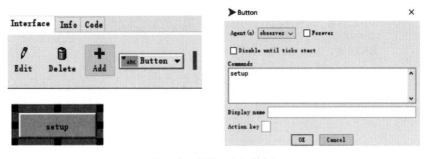

图 6.3　创建 setup 按钮

编辑 setup 代码：

切换到代码页，编辑 setup 按钮对应的程序，相应代码如下：

```
to setup
    ca    ;清除之前的数据
    set infinity 999999999999999    ;设置极限值
    set-default-shape turtles" circle"    ;设置 turtle 默认形状
    make-turtles    ;生成 turtle
    let success? false    ;success 初始状态设置
    while[ not success? ][    ;如果 success 为否,执行该 while 循环
        wire-them
        set success? do-calculations
    ]
    set clustering-coefficient-of-lattice clustering-coefficient
    set average-path-length-of-lattice average-path-length
    set number-rewired 0
    set highlight-string" "
    update-visuals
    update-globals    ;更新全局变量
end
```

其中，ca 是 netlogo 内置函数，用于清空界面，将世界还原为初始状态。make-turtles 子函数用来生成主体，包含 customer 主体与 servant 主体。

make-turtles、update-visuals 、update-globals 子函数代码如下：

（1）make-turtles。

make-turtles 子函数用来生成两类主体，并分别设置主体的颜色、位置、初始知识水平、知识吸收率、知识遗忘率以及采取的知识合作策略等。其代码如下：

```
to make-turtles    ;生成 turtle
  random-seed 100        ;随机种子设置
  crt num-nodes[    ;生成 num-nodes 个主体
    set color gray + 2    ;设置颜色
    setxy random-xcor random-ycor    ;设置 turtle 的坐标
    ;set kv random-float 1 + 0. 0001        ;设置初始 kv 值
  ]
        ask n-of( num-nodes * servants-rate) turtles  [    ;按一定比例生成 servant 主体
        set breed servants
        ]
    ask turtles[    ;按一定比例生成 customer 主体
      if breed！ = servants[
      set breed customers
        ]
    ]
  ask servants[        ;设置主体 servant 的初始状态
    set color green    ;设置颜色为绿色
    set absorb-rate( random-float   0. 1 + 0. 01 )    ;设置初始知识吸收率
```

```
    set forget-rate random-float 1    ;设置初始知识遗忘率
    set kv random-float 1 +0.0001    ;设置初始知识存量
    set innovation-rate(random-float 0.1 +0.01)    ;设置初始创
新比例
    set strategy"c"    ;设置策略为 c,即合作
  ]


  ask customers[    ;设置主体 customer 的初始状态,具体可参考
servant
    set color pink;设置颜色为粉色

    set absorb-rate random-float 0.1
    set forget-rate random-float 1
    set innovation-rate random-float 0.1
    ifelse(random-float 1.0 < expert-rate)[
        set kv 3
      ][set kv(random    1 +0.1)
      ]
    ifelse random-float 1.0 <0.9[
        set strategy"c"        ;以一定概率设置策略为 c,即合作
      ][set strategy"d"        ;以一定概率设置策略为 d,即不合作
      ]
  ]
end
```

其中，num-nodes 是一个全局变量，可将其设置为滑动条，如图 6.4：

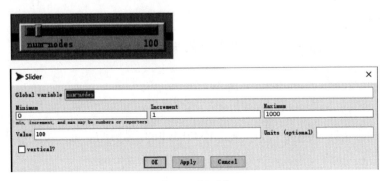

图 6.4 滑动条

（2）update-visuals。

to update-visuals

    ask turtles[update-node-appearance]   ;调用 update-node-ap-pearance 子函数

    end

该函数更新程序中的全局变量，计算出新时点的数据并覆盖上一时点的数据。其代码如下：

to update-globals
;更新全局变量
    if(total-kv < infinity)
[set total-kv sum[kv]of turtles]
;计算总体知识水平

if(total-kv < infinity)

[set total-mean-kv mean[kv] of turtles]

;计算总体平均知识水平

if(total-kv < infinity)

[set total-mean-old-kv mean[old-kv] of turtles]

;计算上一时间点的总体平均知识水平

if(count servants > 0 and total-kv < infinity)

[set servant-mean-kv mean[kv] of servants]

;计算员工平均知识水平

if(count customers > 0 and total-kv < infinity)

[set customer-mean-kv mean[kv] of customers]

;计算顾客平均知识水平

if(any? turtles and total-kv < infinity)

[set total-sd standard-deviation[kv] of turtles]

;计算总体知识标准方差

if(any? turtles and total-kv < infinity)

[set customer-sd standard-deviation[kv] of customers]

;计算顾客知识标准方差

if(any? turtles and total-kv < infinity)

[set servant-sd standard-deviation[kv] of servants]

;计算员工知识标准方差

; ; set sd-mean total-sd/mean-kv

;计算标准离差率

if(total-kv < infinity and total-mean-old-kv > 0)

[set increase-rate(total-mean-kv/total-mean-old-kv − 1)]

;计算知识增长率

　　if(total-kv < infinity and servant-mean-old-kv > 0)

[set servant-increase-rate (servant-mean-kv/servant-mean-old-

kv − 1)]

　　;计算顾客知识增长率

　　if(total-kv < infinity and customer-mean-old-kv > 0)

[set customer-increase-rate (customer-mean-kv/customer-mean-

old-kv − 1)]

　　　;计算员工知识增长率

end

to update-node-appearance

;根据知识水平更新主体显示的节点大小

　　;设置 size 为0.1 到5.0 之间的值

　　set size 0.1 + 5 * sqrt(kv/(total-kv + 0.00001))

end

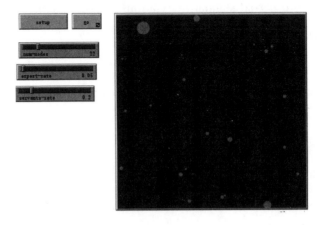

图 6.5　模型初始状态

按下 setup 按钮，并设置好几个全局变量的滑动条，便可显示模型的初始状态（见图6.5），分别代表顾客和员工节点的大小代表知识水平的含量高低。世界的边界属性如图6.6所示：

图 6.6　世界的边界属性

6.5.3　创建 go 按钮及代码

（1）设置 go 按钮。

在 Interface 界面上，添加 go 按钮（见图6.7），注意要勾选 Forever，这样 go 按钮右下角会有一个循环的标志，表示该程序可以不断重复执行，直到满足特定条件或者达到设置的时间点上限为止。

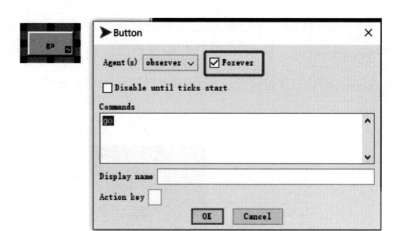

图 6.7　go 按钮的添加

（2）编辑 go 代码。

go 代码块主要包含以下内容：

①模型何时终止运行。本模型中，设置运行时间为 100 个时间步长，每个时间步长模拟实际中的一周，读者可以根据自己的实验要求进行设定。communication 子函数用来表示主体 agent 之间的知识交换、update-visuals 子函数设置更新视图的规则、update-globals 子函数用来更新全局变量的数据、update-strategy 子函数用来更新策略、update-links 子函数用来更新网络连接，即更新网络结构、update-plotting 子函数用来更新视图显示内容。go 例程代码如下：

```
to go
    if ticks > 100 [ stop ]
    communication
    update-visuals
```

```
    update-globals
    if( ticks mod 5 = 0 ) [ update-strategy ]
    update-links
    tick
    update-plotting
end
```

②知识主体 agent 通过对邻居主体的设定，根据自己即邻居主体采取的知识协同策略及目前的知识水平进行知识的传播。具体的知识传播过程还涉及主体的知识吸收率和知识遗忘率，另外各个主体都有两种策略状态集，合作 c 及不合作 d。其代码及说明如下所示：

```
to   communication
    ask turtles [ set old-kv kv ]     ;主体更新知识水平
    ask turtles [

set kv   ( 1 – forget – rate ) * kv * ( 1 + innovation-rate )
;主体根据自身的创新率创新并积累知识
let recipients( link-neighbors with [ kv < [ kv ] of myself ] )
;设定知识接收主体为邻居主体中知识水平低于主体自身的
if any? recipients [
;如果有知识接收主体,那么让知识接收主体进行 if 内的程序
        ask recipients [
            ;if( kv < [ kv ] of myself ) [
```

;如果知识接收方的知识水平低于知识传播方的

;set kv(kv + absorb-rate * ([kv] of myself-kv))

;让知识接收方根据自身的知识吸收率增加自身知识水平

if(([strategy] of myself = " c") and strategy = " c")

;如果知识传播主体的知识协同策略为 c,同时知识接收主体的知识协同策略也为 c

[set kv(kv + absorb-rate * ([kv] of myself-kv))]

;让知识接收方根据自身的知识吸收率最大限度增加自身知识水平

if(([strategy] of myself = " c") and(strategy = " d"))

;如果知识传播主体的知识协同策略为 c,同时知识接收主体的知识协同策略为 d

[set kv(kv + absorb-rate * 0. 8 * ([kv] of my-self-kv))]

;让知识接收方根据自身的知识吸收率,在知识势能差的基础上乘以参数 0. 8 增加自身知识水平

if(([strategy] of myself = " d") and(strategy = " c"))

;如果知识传播主体的知识协同策略为 d,同时知识接收主体的知识协同策略为 c

[set kv(kv + absorb-rate * (([kv] of myself) * 0. 7 – kv))]

;知识势能差为知识传播方的知识水平乘以参数 0. 7 与知识接收方的差

```
            if((([strategy]of myself = "d") and (strategy =
"d"))
```
　　　;如果知识传播主体的知识协同策略为 d,同时知识接收主体的知识协同策略为 d

```
            [set kv(kv + absorb-rate * 0.8 * (([kv]of my-
self) * 0.7 - kv))]
```
　　　;知识势能差为知识传播方的知识水平乘以 0.7 与知识接收方的差,并在此基础上乘以参数 0.8

```
            ]
          ]
        ]
    end
```

③策略更新规则。每间隔一定的时间步长,知识主体会更新其策略属性,更新规则为从邻居主体中选择知识存量大于本主体并且知识水平最高的作为模仿对象,并在下一时间点将知识协同策略变更为其模仿对象所采用的策略,不管跟主体本身之前采取的策略相同与否。

```
    to update-strategy
        ask turtles[
          let imitated-ones(link-neighbors with[kv > [kv]of my-
self])
```
　　;设定模仿集为邻居主体中知识水平高于自身的

```
            if any? imitated-ones[
          ;如果模仿集不为空
              let imitated-one(max-one-of imitated-ones[kv])
          ;设定模仿对象为模仿集中知识存量最高的
              let s  ([strategy]of imitated-one)
          ;设定模仿对象的知识协同策略
              set strategy s
        ;采用模仿对象的知识协同策略
              ]
          ]
    end
```

④结构更新规则。知识网络结构不是一成不变的，知识主体
在知识协同过程中会根据自身及环境因素改变连接，网络结构因
此发生改变。

```
    to update-links
      ask min-n-of 5 turtles[kv][    ;知识水平最低的 5 个 turtles
        ask one-of my-links[die]        ;在目前的连接中删除一条
        create-link-with one-of turtles with[kv > mean[kv]of turtles]
      ;与一个知识水平大于平均值的 turtle 建立一条新的连接
        [set color blue]    ;将颜色设置为蓝色
          ]
    end
```

⑤生成网络结构。下面代码根据 WS 小世界的网络结构更新规则生成初始的网络结构。

```
to rewire-all    ;重连所有连接
  if count turtles！ = num-nodes[
    setup
  ]
  set rewire-one? false
  set rewire-all? true
  let success? false
  while[not success?][      ;如果没有成功
    ask links[die]    ;取消所有连接
    wire-them    ;重新建立连接
    set number-rewired 0
    ask links[
      if(random-float 1) < rewiring-probability
;不管是否重连,都根据一定概率执行后面部分
        [
          let node1 end1    ;选取节点 node1 并设置其为连接
的端点 end1
          if[count link-neighbors]of end1 < (count turtles-1)
;如果该节点没有同所有其他节点都建立连接
            [

              let node2 one-of turtles with[(self！ = node1) and(not
```

link-neighbor? node1)]

    ;查找一个与 node1 不同且尚未成为 node1 邻居的节点并命名为 node2

    ask node1[create-link-with node2[set color cyan set rewired? true]]

  ;建立新的连接

set number-rewired number-rewired + 1　　;计算重连连接的数量

    set rewired? true　;设置其重连属性为真

      ]

   ]

   if(rewired?)　;如果已经重新连过,则取消该连接

   [

     die

   ]

    ]

wire-them 函数为初始设置时建立连接的子函数,其代码如下:

```
to wire-them
  let n 0
  while[n < count turtles]    ;遍历所有 turtles
  [
```

  ;以下代码为所有主体都与其相邻的两个邻居节点建立连接

```
make-edge turtle n
          turtle( ( n + 1 ) mod count turtles)
make-edge turtle n
          turtle( ( n + 2 ) mod count turtles)
make-edge turtle n
          turtle( ( n + 3 ) mod count turtles)
set n n + 1
]
end
```

make-edge 为两个节点直接建立连接的子函数,其代码如下:

```
to make-edge[ node1 node2 ]
  ask node1[ create-link-with node2    [
    set rewired?  false
]]
end
```

⑥绘图。

```
to do-plotting

  if rewire-all?  [
      ; ;plot the rewire-all graph    ;绘制图像
      set-current-plot" Network Properties Rewire-All"    ;设置
画笔
```

```
        set-current-plot-pen" apl"
    plotxy rewiring-probability
            average-path-length/average-path-length-of-lattice


        set-current-plot-pen" cc"
    plotxy rewiring-probability
            clustering-coefficient/clustering-coefficient-of-lattice


    ]
end
```

⑦更新绘图数据，统计数据并绘制多个图像。

```
to update-plotting
    set-current-plot" Mean kv"    ;设置画笔
    set-current-plot-pen" totals"
    plot total-mean-kv    ;绘制图像
    set-current-plot-pen" servants"
    plot servant-mean-kv
    set-current-plot-pen" customers"
    plot customer-mean-kv
    set-current-plot" sd-mean"
    set-current-plot-pen" totals"
    plot total-sd/total-mean-kv    ;绘制标准离差率图形
    set-current-plot-pen" servants"
```

```
plot servant-sd/servant-mean-kv     ;绘制员工标准离差率图形
set-current-plot-pen" customers"
plot customer-sd/customer-mean-kv     ;绘制顾客标准离差率
```
图形

```
set-current-plot" increase-rate"     ;绘制知识增长率图形
set-current-plot-pen" totals"
plot increase-rate
plot servant-increase-rate
plot customer-increase-rate


set-current-plot" c-rate"     ;绘制策略统计图像
set-current-plot-pen" totals"
plot count turtles with[ strategy = " c" ]/count turtles     ;计算
```
采取 c 策略的所有主体比例
```
set-current-plot-pen" servants"
plot count servants with[ strategy = " c" ]/count servants     ;计
```
算采取 c 策略的员工比例
```
set-current-plot-pen" customers"
    plot  count  customers  with  [ strategy  =  " c " ]/count
customers     ;计算采取 c 策略的顾客比例


    end
```

主体策略和结构更新的相对速度对知识协同的影响

6.6.1　固定策略选择对知识协同的影响

这组实验中，在主体进行知识协同之前，我们从企业员工中随机选取一定比例 u 的主体设置其策略为 C，则员工中选取 C 策略的主体数量为 $N \times s \times u$；同时从顾客主体中随机选取一定比例 v 的主体设置其策略为 C，则顾客中选取 C 策略的主体数量为 $N \times (1-s) \times v$；其他主体的策略设置为 D（即网络中选取 C 策略的主体数量为 $(N \times s \times u + N \times (1-s) \times v)$，选取 D 策略的主体数量为 $(N - (N \times s \times u + N \times (1-s) \times v))$。在知识协同过程中，主体策略保持不变并对所有邻居主体采取一致的策略，实验结果如图 6.8、图 6.9 所示。

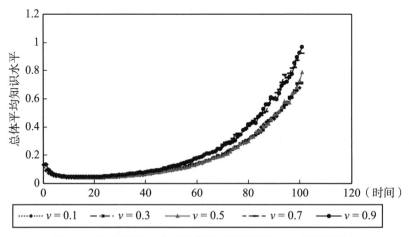

图 6.8　顾客选择 C 策略的比例对总体平均知识水平的影响

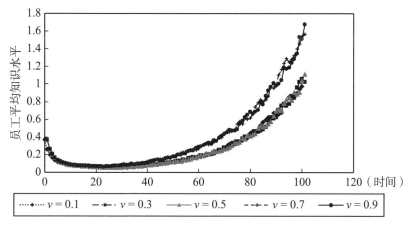

图 6.9 顾客选择 C 策略的比例对员工平均知识水平的影响

图 6.8 显示的是 u 保持不变，在不同的 v 值下，总体平均知识水平演化情况。图 6.9 所示的员工的平均知识水平和总体的演化情况趋于一致，顾客的平均知识水平和总体的演化情况亦趋于一致，故此处略去。从图中可以看出，对某一特定时刻而言，随着 v 的增加，网络平均知识水平也增加，当 $v > 0.5$ 时，效果尤为显著。这表明，随着网络中选择 C 策略的顾客比例的增加，尤其当积极合作地选择 C 策略的顾客比例为一半以上时，网络的平均知识水平增加得更快，具有更多积极顾客的网络更有利于知识协同。当设置 v 保持不变，u 值不断增加时能得到类似的结果，这表明随着网络中选择 C 策略的员工比例的增加，网络的平均知识水平增加得更快，具有更多积极员工的网络同样有利于知识协同。因此，在有顾客参与的服务创新过程中，企业如果想提高创新效率，就要选择积极的顾客和员工，培养和激励组织中乐于传播知识和乐于接收知识的主体。

6.6.2 主体策略更新对知识协同的影响

（1）主体初始策略选择对知识协同的影响。

主体策略不是一成不变的，而是随着时间的演化不断更新的。本节首先研究当网络结构不变，主体策略随时间改变时，不同初始策略比例对知识协同效果的影响。主体每隔 5 个时间步更新知识协同策略，即 $\eta = 5$，网络重连概率 $p = 0.09$，并且网络结构在知识协同过程中保持不变（即 $\tau = \infty$）。图 6.10 ~ 图 6.13 分别反映在一系列不同的初始策略条件下，主体策略选择对知识协同绩效的影响情况。

由图 6.10、图 6.11 可以看出，总体平均知识水平和员工平均知识水平都受网络初始状态的影响。当初始网络中选取 C 策略的主体较少时，平均知识水平较低且增长缓慢；而当初始网络中

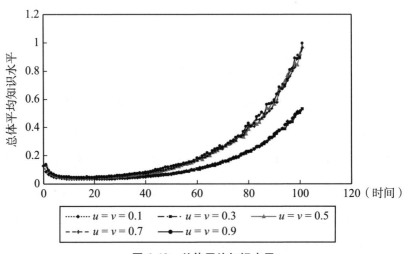

图 6.10　总体平均知识水平

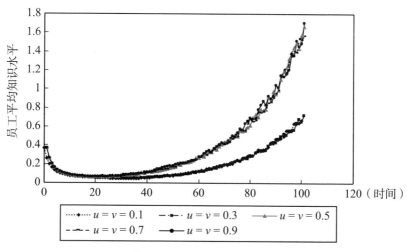

图 6.11 员工平均知识水平

选取 C 策略的主体比例占到一半以上时，对某一特定时刻而言，平均知识水平较前者有了较大幅度的提升且增长迅速。这表明，当知识主体的策略随时间更新时，需要有一个良好的初始合作环境，主体的知识水平才会尽快达到理想状态。为了更清楚地分析不同初始策略比例对知识增长率的影响，我们绘制图 6.12。

由图 6.12 可以看出，当初始网络中选取 C 策略的主体只占总体的 0.1 时（即 $u = v = 0.1$），总体知识增长率处于较低水平；当初始网络中选取 C 策略的主体占到总体的一半时（即 $u = v = 0.5$），总体知识增长率明显上升（0~0.1）；当初始网络中选取 C 策略的主体占总体的 0.7（即 $u = v = 0.5$）甚至 0.9（即 $u = v = 0.9$）时，总体知识增长率一直处于较高水平（0.01~0.15）。这表明，当知识主体的策略随时间更新时，需要有一个初始良好的合作环境，否则知识增长率会比较低，甚至出现零增长。因此，在有顾客参与的服务创新过程中，企业如果想提高知识增长

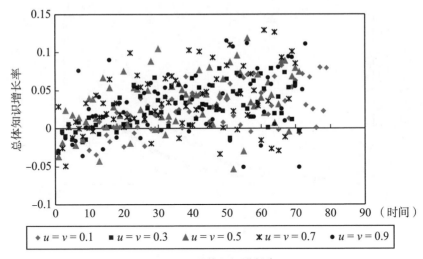

图 6.12　总体知识增长率

率，进而提高创新效率，就要选择一开始态度就比较积极的顾客和员工，创建一个良好的开端，在初始状态就打造一种良好的知识协同氛围和服务创新环境。对合作水平的分析，也能得到类似的结果，如图 6.13 所示。

由图 6.13 可以看出，当初始网络中选取 C 策略的主体只占总体的 0.1 时（即 $u=v=0.1$）或者 0.3（即 $u=v=0.3$）时，网络会趋于"衰退"，即合作比例变为 0，原来为积极态度的采取 C 策略的主体由于所处的环境"恶劣"（周围都是采取 D 策略的主体）也会根据策略更新规则转而采取 D 策略；当初始网络中选取 C 策略的主体比例上升到 0.5 时（即 $u=v=0.5$），网络会由"衰退"状态逐渐向"进化"状态演变，网络中选取 C 策略的主体的比例开始上升，此时总体知识增长率也明显上升（0 ～ 0.1）；当初始网络中选取 C 策略的主体占总体的 0.7（即 $u=v=0.5$）及以上时，合作主体的比例不断上升直到全体主体都采取

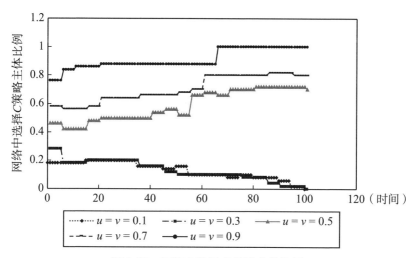

图 6.13   网络中选择 C 策略主体比例

C 策略，此时总体知识增长率也处于较高水平（0.01 ~ 0.15）。这表明，当知识主体的策略随时间更新时，初始网络中态度积极的合作主体需达到一定界限水平，即达到一定的阈值，整个网络才不至于走向"衰退"。初始网络中至少有一半以上主体的策略为 C，整个网络才会不断"进化"。因此，在有顾客参与的服务创新过程中，企业要想创新成功，对顾客和员工的选择和教育至关重要，这是服务创新能否成功的前提条件。

综上可知，在主体合作水平高的情况下，知识水平也较高，因此态度积极的合作（即在知识协同过程中选择 C 策略）有利于知识协同。

（2）主体策略更新速度对知识协同绩效的影响。

主体策略是随着时间的演化不断更新的，其中策略更新速度不同，对知识协同的影响也不同。本节还研究当网络结构保持不变时，不同的主体策略更新速度 η 对知识协同效果的影响。网络重连概率 $p = 0.09$，并且网络结构保持初始状态（$\tau = \infty$），初始网络中选择 C 策略的主体所占比例 $u = v = 0.7$，图 6.14 ~ 图 6.16 分别反映在一系列不同的策略更新速度下，主体平均知识水平随时间演化的情况。

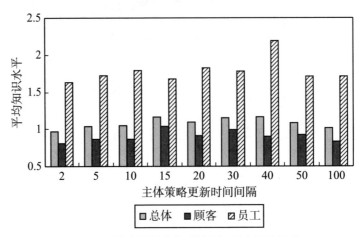

图 6.14　策略更新速度对平均知识水平的影响

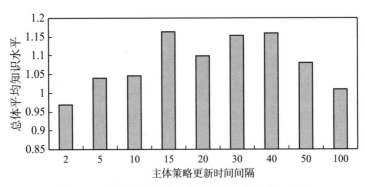

图 6.15　策略更新速度对总体平均知识水平的影响

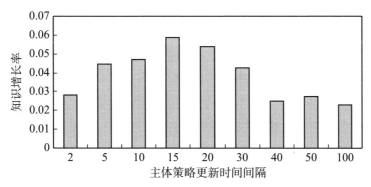

图 6.16　策略更新速度对总体知识增长率的影响

图 6.14 反映主体策略更新速度 η 对平均知识水平的影响，通过实验结果我们可以看到，当主体策略更新太快（$\eta < 10$）或者太慢（$\eta > 50$）时，都不利于知识协同，这种现象在图 6.15 中反映得更为显著。产生这种现象的原因是当主体策略更新太快时，即使在本轮知识协同中变更为相反的策略，也会很快在下一轮知识协同中又变为初始策略。由于知识主体的这种"近视"效应（只关注上一轮中的知识获益，而不会预期长期的知识获益水平），使得主体的策略在原始选择和相反策略中不断反复，最终的合作水平接近于网络初始状态，而知识协同绩效也会接近主体策略不更新时的状态。另一个极端情况是当主体策略更新太慢时，也不利于知识协同，原因是主体更新策略的机会太少，一旦变更为相反策略，几乎没有机会恢复为初始策略。只有当主体策略更新速度处于中间水平（$10 < \eta < 50$）时，知识协同才能达到较理想的效果。主体的平均知识水平较高，同时知识增长率也较大，如图 6.16 所示。

图 6.16 反映主体策略更新速度 η 对知识增长率的影响，通过实验结果我们可以看到，当主体策略更新太快（$\eta < 10$）或者

太慢（$\eta > 50$）时，都不利于知识增长，这一结果与上面关于平均知识水平的结果类似。这说明，在服务创新过程中，如果网络结构保持不变，亦即知识协同关系不变，顾客或者企业员工的态度既不能一成不变，也不能随时更新，而是当知识协同进行到适当阶段的时候变更策略，这时知识协同达到较理想的效果，服务创新绩效也会随之提高。

6.6.3 结构更新对知识协同的影响

网络结构也不是一成不变的，在特定的时间段内，网络中的知识主体会根据收益水平改变知识协同对象，反映到网络结构上即为增、删边活动。结构更新速度不同，对知识协同的影响也不同。本节研究当主体策略不变，网络结构随时间改变时，不同的网络结构更新速度 τ 对知识协同效果的影响。网络初始状态为重连概率 $p = 0.09$，并且主体策略保持初始策略选择（$\eta = \infty$），初始网络中选择 C 策略的主体所占比例 $u = v = 0.7$，图 6.17 和图 6.18 分别反映在一系列不同的网络结构更新速度下，主体平均知识水平随时间演化的情况。

图 6.17 反映网络结构更新速度 τ 对平均知识水平的影响，通过实验结果可以看到，相对于结构不更新的情况（$\tau = \infty$），结构更新更有利于知识协同，且网络更新速度越快（$\tau < 10$）对于知识协同越有利，这种现象在图 6.18 中反映得更为显著，与上面得出的关于主体策略更新速度对知识协同的影响结论不一致。当主体策略更新太快（$\eta < 10$）或者太慢（$\eta > 50$）时，都不利于知识协同，产生这种现象的原因是网络中的低收益主体会降低

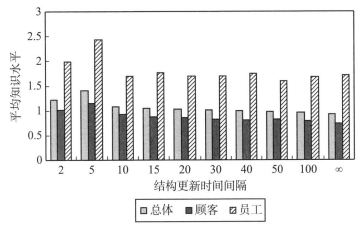

图 6.17 网络结构速度对知识协同效果的影响

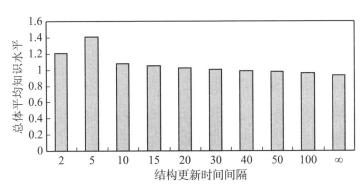

图 6.18 结构更新速度对总体平均知识水平的影响

总体的平均知识水平，如果向这些低收益主体传播知识的邻居节点自身收益也较低或者采取的知识传播策略为 D，则这些低收益主体会一直处于低收益状态。而当这些低收益主体在总结上一轮的经验教训后断开现有的连接，转而从网络中进行全局搜索，选择知识收益大于平均水平的主体重新建立连接，并在下一轮中根据新建立的连接进行知识协同活动时，其知识水平就会得到相应提升，进而使总体知识水平也得到提高。所以当网络结构更新速度较快即低收益主体及时总结经验教训更换邻居主体（$\tau < 10$）时，知识协同能达到较理想的效果，主体的平均知识水平较高，同时知识增长率也较大，如图 6.19 所示。

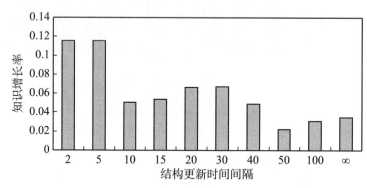

图 6.19　结构更新速度对总体知识增长率的影响

图 6.19 反映网络结构更新速度 τ 对知识增长率的影响，通过实验结果可以看到，相对于结构不更新的情况（$\tau = \infty$），结构更新在较大幅度上提高了知识增长率，且当网络更新速度较快（$\tau < 10$）时更利于知识增长，这一结果与上面关于平均知识水平的结果类似。这表明，当主体策略保持不变时，低收益主体及时总结经验教训变更现有连接（网络结构更新速度较快时）更有利于知识协同。因此在服务创新过程中，如果主体策略保持不变，亦即顾客或者企业员工对知识协同的态度不变，则低收益主体要及时总结经验教训变更现有连接，并进行全局搜索，寻找较高知识水平的主体重新建立连接，使知识协同达到更理想的效果，知识增长速度较快，服务创新绩效也会提高。

6.6.4 主体策略和结构更新的相对速度对知识协同的影响

本节研究主体策略和网络结构同时更新对知识协同绩效的影响，主要包括两种情况：策略和结构同步更新和异步更新。对于同步更新情况我们选取三个典型的实验来分析：

实验1：$\eta = 2$，$\tau = 2$；$u = v = 0.7$；网络重连概率 $p = 0.09$。此时网络中初始合作水平为70%，主体策略更新速度和网络结构更新速度相同，都为每隔2个时间步更新一次。

实验2：$\eta = 5$，$\tau = 5$；$u = v = 0.7$；网络重连概率 $p = 0.09$。此时网络中初始合作水平为70%，主体策略更新速度和网络结构更新速度相同，都为每隔5个时间步更新一次。

实验3：$\eta = 10$，$\tau = 10$；$u = v = 0.7$；网络重连概率 $p = 0.09$。此时网络中初始合作水平为70%，主体策略更新速度和网络结构更新速度相同，都为每隔10个时间步更新一次。

对于异步更新情况我们取两个典型的实验来分析：

实验4：$\eta = 2$，$\tau = 5$；$u = v = 0.7$；网络重连概率 $p = 0.09$。此时网络中初始合作水平为70%，主体策略更新速度和网络结构更新速度不同，主体策略每隔2个时间步更新一次，网络结构每隔5个时间步更新一次。

实验5：$\eta = 5$，$\tau = 2$；$u = v = 0.7$；网络重连概率 $p = 0.09$。此时网络中初始合作水平为70%，主体策略更新速度和网络结构更新速度不同，主体策略每隔5个时间步更新一次，网络结构每隔2个时间步更新一次。

（1）合作水平演化曲线。

图 6.20 显示的是合作水平演化情况，即网络中选取 C 策略的主体所占的比例随时间演化的情况。值得关注的问题是实验 3 的合作水平一直较低，此时策略更新速度和结构更新速度都较慢，较低的结构更新速度使网络的合作水平较低；然而对于策略更新速度较快的实验 4、实验 5、实验 2 和实验 1，网络的合作水平较高，这与之前得出的较快的策略更新速度不利于知识协同的结论似乎有些矛盾，一种合理的解释是，网络结构的更新对策略更新效果产生了影响。当知识主体有机会更换邻居节点时，相对于较慢的策略更新速度，较快的策略更新速度反而更有利于知识协同，此时合作水平能达到较高的状态。与此同时，策略更新对结构的更新效果也有影响，使得实验 1（$\tau = 2$）和实验 4（$\tau = 5$）的合作水平趋于一致。所以当网络中同时存在策略更新和结构更新时，两者之间存在相互影响，较快的策略更新速度伴随较快的结构更新速度将更有利于合作水平的提高。

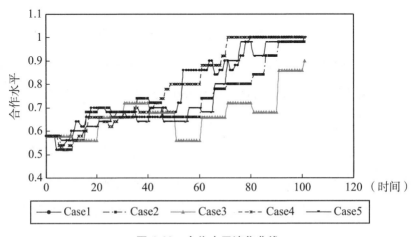

图 6.20　合作水平演化曲线

（2）平均知识水平演化曲线。

图 6. 21～图 6. 23 显示的是平均知识水平演化情况，无论对于总体、顾客主体还是员工主体，实验 2 都是占优的，尤其对于企业员工而言，实验 2 中的知识水平一直最优。而在策略更新速度和结构更新速度都较慢的实验 3 中，不仅合作水平最差，平均知识水平也一直处于最低状态。对于策略更新速度较快的实验 4、实验 5、实验 2 和实验 1，不仅网络的合作水平较高，平均知识水平也较高。这与之前得出的较快的策略更新速度不利于知识协同的结论仍然矛盾，再一次证明了网络结构的更新对策略更新效果产生了影响。当知识主体有机会更换邻居节点时，相对于较慢的策略更新速度，较快的策略更新速度反而能得到较高的平均知识水平，此时的合作水平也能达到较高状态。与此同时，策略更新对结构的更新效果也有影响，使得在顾客主体中，实验 5（$\tau=2$）的平均知识水平大于实验 2（$\tau=5$）的。所以当网络中同时存在策略更新和结构更新时，两者之间存在相互影响，较快的策略更新速度伴随较快的结构更新速度有助于达到较高的平均知识水平。

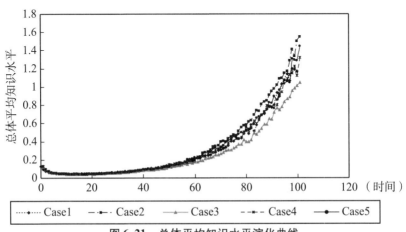

图 6.21　总体平均知识水平演化曲线

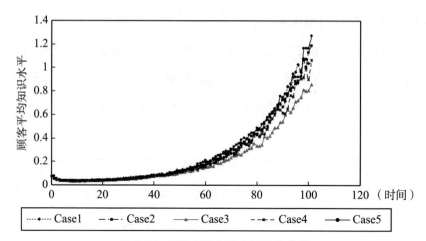

图 6.22　顾客平均知识水平演化曲线

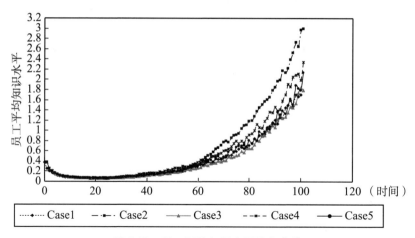

图 6.23　员工平均知识水平演化曲线

（3）知识增长率演化曲线。

图 6.24 显示的是总体知识增长率演化情况，在同一时刻，实验 2 知识增长率在大部分情况下是最高的，再一次验证了策略更新和结构更新的优势，即较快的策略更新速度伴随较快的结构更新速度有利于知识的迅速增长。

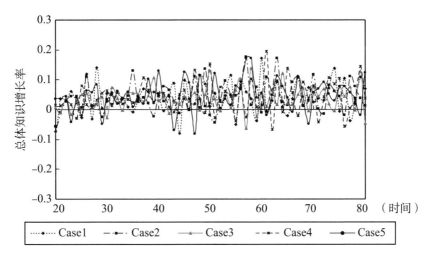

图 6.24　知识增长率演化曲线

6.7　本章小结

　　本章根据知识密集型服务企业中知识主体的特点进行仿真分析，考虑到知识主体对知识协同采取的态度不同，引入了主体的策略行为，并研究主体的策略更新和网络结构更新对知识协同绩效的影响。

　　（1）固定策略选择对知识协同的影响。当网络结构不变时，随着网络中选择 C 策略的主体比例的增加，尤其当积极合作的选择 C 策略的主体比例为一半以上时，网络的平均知识水平增加更快，具有更多积极主体的网络更有利于知识协同。

　　（2）主体策略更新对知识协同的影响。

　　①主体初始策略选择对知识协同的影响。当网络结构不变，知识主体的策略随时间更新时，需要有一个良好的初始合作环境

（初始网络中选取积极合作策略的主体比例占到一半以上），主体的知识水平才会尽快达到理想状态，总体知识增长率也会处于较高水平，且初始网络中态度积极的合作主体需达到一定界限水平（即达到一定的阈值），整个网络才不至于走向"衰退"。所以在有顾客参与的服务创新中，对顾客和员工的选择和教育至关重要，这是服务创新能否成功的先决条件。

②主体策略更新速度对知识协同绩效的影响。当网络结构不变时，由于知识主体的"近视"效应使得主体策略更新太快或者太慢都不利于知识协同，而当主体策略更新速度处于中间水平时，知识协同能达到较理想的效果，主体的平均知识水平较高，知识增长率也较大。

（3）结构更新对知识协同的影响。

当主体策略保持不变时，结构更新有利于知识协同（即网络结构更新速度较快时更有利于知识协同）。因此在服务创新过程中，如果主体策略保持不变，亦即顾客或者企业员工对知识协同的态度不变，则低收益主体要及时总结经验教训变更现有连接，并进行全局搜索，寻找较高知识水平的主体重新建立连接，知识协同能达到较理想的效果，知识增长速度较快，服务创新绩效也会提高。

（4）主体策略和结构更新的相对速度对知识协同的影响。

网络结构的更新和策略更新是相互影响的，两者共同促进知识协同。当知识主体有机会更换邻居节点时，相对于较慢的策略更新速度，较快的策略更新速度反而能得到较高的平均知识水平，此时的合作水平亦能达到较高状态。与此同时，策略更新对结构的更新效果也有影响，所以当网络中同时存在策略更新和结构更新时，两者之间存在相互影响，较快的策略更新速度伴随较快的结构更新速度有助于达到较好的知识协同效果。

综上，本书旨在通过探索包括客户和员工在内的知识协同网络的演化机制，进而促进客户参与创新绩效。尽管以往的研究已经考察了客户参与创新的维度和方法等效果，但很少考虑更新嵌入知识协同网络中的策略和结构的效果。本研究试图填补这一空白，实验结果检验了客户参与创新的机制。通过建立知识协同网络（KCN）模型来刻画客户参与创新和与企业员工互动的过程，采用客户、员工的平均知识水平、知识增长率、知识标准偏差率和总数进行统计度量。使用 Netlogo 平台执行基于代理的建模（ABM）。通过对比分析动态策略和更新网络结构的耦合效应，本书得出以下结论：（1）网络只有在初始合作率达到阈值时才能进化；（2）高合作率促进知识协同的绩效；（3）中等策略更新速度带来更好的结果；（4）更快的结构更新速度提高了 KCN 性能；（5）更快的策略更新速度有利于结果。这些研究为客户参与创新提供了新的视角，可以帮助管理者通过客户参与获得更好的创新绩效。结果表明，企业需要在客户参与创新中选择活跃的客户和员工，个人应以适当的速度更换合作伙伴。

第7章

应用分析及管理启示与建议

7.1 应用分析

在现实中，由于创新对于服务企业的可持续发展具有重要意义，而顾客—企业的知识协同又是促进创新的关键因素，因此对于一个服务创新项目而言，组织管理者应该重视合作团队的整体合作水平，顾客—企业的知识协同绩效，以及目前的知识协同模式有无改善的余地。

要解决这些问题，首先要了解组织内主体的策略行为和网络结构模式，可以通过发放调查问卷的方式来获取，设置问题举例：如果你认为你的合作伙伴在某方面拥有的知识比你丰富，在他向你传授知识时，你会积极地接收知识还是消极地接收知识？如果你认为你的合作伙伴在某方面拥有的知识没你丰富，在你向他传授知识时，你会积极地传播知识还是消极地传播知识？你直接联系的合作伙伴有哪些？如果你对直接合作伙伴的行为不满意，你会以什么速度更换合作伙伴（网络结构更新）？如果你认

知识网络视域下顾客参与企业创新演化的实验研究

为自己的收益低于邻居主体，你会以什么速度更新策略（主体策略更新）？主体的知识存量也可以通过问卷获得，譬如在一个创新项目中，主体I在某一知识维度上的知识水平、创新率、遗忘率等用 random-float（0，1）中的数据表示，根据调查问卷的统计结果可以得出项目内主体的策略行为和网络结构以及主体的知识水平、创新率、遗忘率等。再根据获得的数据，结合之前设定的知识协同规则，得到项目团队的合作情况和知识水平变化情况并加以分析，这对于组织计划、目标制定以及服务创新项目的管理都具有积极意义。下面通过一个例子来说明。

例如，一个服务创新项目团队内存在 25 个主体（参与其中的顾客和企业员工总计），主体之间的知识协同情况和知识存量通过问卷方式获得，发放问卷 25 份，回收 22 份，回收率 88%。其中顾客主体 4 人，企业员工 18 人。问卷设计如下：

1. 您是顾客还是企业员工？

0. 顾客　　1. 企业员工

2. 如果你认为你的合作伙伴在某方面拥有的知识比你丰富，在他向你传授知识时，你会积极地接收知识还是消极地接收知识？

0. 积极　　1. 消极

3. 如果你认为你的合作伙伴在某方面拥有的知识没你丰富，在你向他传授知识时，你会积极地传播知识还是消极地传播知识？你直接联系的合作伙伴有哪些？

0. 积极　　1. 消极

4. 在这个项目团队中你直接联系的合作伙伴有哪些（请回答项目成员编号）？

1，2，3，…，25

5. 如果你对直接合作伙伴的行为不满意，你会以什么速度更换合作伙伴（网络结构更新）？

请用 0 ~ 100 的随机数表示，例如：2；5；10；20 等。

6. 如果你认为自己的收益低于邻居主体，你会以什么速度更新策略（主体策略更新）？

请用 0 ~ 100 的随机数表示，例如：2；5；10；20 等。

7. 在这个服务创新项目中，您认为自己对于这个项目的知识水平是多少？

请用 0 ~ 1 的随机数表示，例如：0.2；0.4；0.5；0.8 等。

8. 在这个服务创新项目中，您认为自己对于这个项目的知识遗忘率是多少？

请用 0 ~ 1 的随机数表示，例如：0.2；0.4；0.5；0.8 等。

9. 在这个服务创新项目中，您认为自己对于这个项目的创新率是多少？

请用 0 ~ 1 的随机数表示，例如：0.2；0.4；0.5；0.8 等。

将问卷调查获得的数据输入 NetLogo 软件中，系统界面如图 7.1 所示：

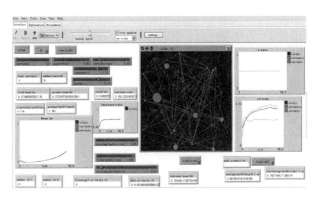

图 7.1　系统界面

经过分析与演化得出其知识协同网络如图 7.2 所示:

图 7.2　服务创新项目团队内的顾客—企业知识协同网络

经过分析可以得出,网络中共有 4 个顾客节点,18 个员工节点,网络的集聚系数为 0.47,平均最短路径为 1.96,符合小世界网络的结构特征。网络初始合作水平为 60%,网络策略更新速度为 15,结构更新速度为 20。根据前述知识协同规则,通过仿真模拟,得到结果如图 7.3、图 7.4、图 7.5 所示。

根据演化结果可以看出,网络的初始合作水平为 60%,随着知识协同活动的进行,合作水平降为 50%,并保持不变。由于在前述分析中,本书已经看出合作水平、较快的策略更新速度伴随

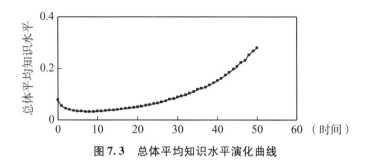

图 7.3　总体平均知识水平演化曲线

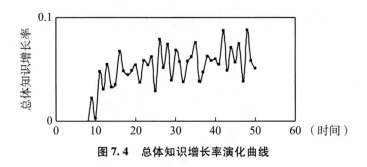

图7.4 总体知识增长率演化曲线

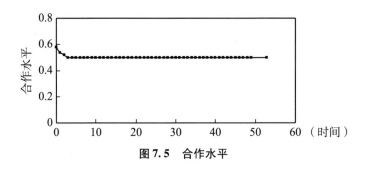

图7.5 合作水平

较快的结构更新速度有利于知识协同绩效的提高。因此，针对此例中的情形，管理者若想提高知识水平，提高知识增长率，可以采取一定措施鼓励项目成员在项目开始时采取积极合作的态度，并适时提醒团队成员，如果对知识协同活动不满意，应及时更新合作伙伴并更新主体策略，从而提高知识协同绩效，加速服务创新效率。

　　本章对此模型进行了应用分析举例，通过例子可以看出，上述模型可以应用于实际，并且可定量化研究，能够较好地服务于企业的服务创新工作，并为组织管理者提供一定的指导建议。

7.2　管理启示与建议

本书根据知识密集型服务企业中知识主体的特点进行仿真分析，模拟了特定网络结构下知识协同的演化过程，并根据网络结构的两种不同特征——聚类系数和平均最短路径，探讨了网络结构对知识协同的影响；并在上述研究的基础上引入主体的策略行为，探讨了策略行为和网络结构的协同演化对知识协同绩效的影响，得出对企业的顾客参与和知识管理有意义的结论。下面针对顾客参与企业服务创新过程中存在的问题，对企业提出合理建议，指导企业更好地进行有顾客参与的服务创新。

7.2.1　合理构造知识协同网络

有顾客参与服务创新的知识协同网络该如何被创建、如何被管理才能促进知识的传播和协同创新？通常管理者评价创新绩效的好坏只关心产出和花费的时间，然而对知识转移的网络因素表明他们产生的网络模式也应该纳入考虑因素。随机网络对知识传播是比较公平的，但只在最初的一小段时间内有优势，在其后更长的时间内，小世界网络都是最优的。因此，如果服务企业中顾客参与的创新项目是需要短期内完成的，更关注短期绩效，那么随机网络优于其他网络结构，而且在顾客和员工知识水平没有较大差异时能达到更理想的效果；如果顾客参与的创新项目属于长期计划，那么小世界的网络结构更有助于企业达到理想绩效，而且此时顾客和员工的知识之间的异质性会促进最终的知识协同绩效。一般情况下，企业尤其是知识密集型服务企业，关注的是创新成果和最终的知识协同效果，尤其是长期效果，因此在有顾客参与的服务创新中，企业应该建立具有小世界网络结构特征的知识协同网络。

7.2.2　打造良好的氛围

在有顾客参与的服务创新过程中，企业如果想提高创新效率，应选择积极的顾客和员工，培养并激励组织中乐于传播知识和乐于接收知识的主体。研究表明，当网络结构不变，知识主体的策略随时间更新时，需要有一个良好的初始合作环境，主体的知识水平才会尽快达到理想状态，否则知识增长率会较低，甚至出现零增长。因此，在有顾客参与的服务创新过程中，企业如果想提高知识增长率，进而提高创新效率，就要选择初始态度就较为积极的顾客和员工，创建一个良好的开端，在初始状态就打造出一种良好的知识协同氛围和服务创新环境。

当知识主体的策略随时间更新时，初始网络中态度积极的合作主体需达到一定的界限水平，即达到一定的阈值，整个网络才不至于走向"衰退"。初始网络中至少有一半以上态度积极的合作主体，整个网络才会不断"进化"，且初始网络中较高的合作水平能促进知识协同。因此，在有顾客参与的服务创新过程中，企业要想创新成功，对顾客和员工的选择及教育至关重要，这是服务创新能否成功的前提条件。

7.2.3 合理更新网络结构并改变主体策略

研究结果表明，当网络结构保持不变时，主体策略更新速度太快或者太慢都不利于知识协同。因此在服务创新过程中，如果网络结构保持不变，亦即知识协同关系不变，顾客或者企业员工的态度既不能一成不变，也不能随时更新，而是当知识协同进行到适当阶段的时候变更策略，此时知识协同能达到较理想的效果，服务创新绩效也会提高。

如果主体策略保持不变，亦即顾客或者企业员工对知识协同的态度不变，低收益主体要及时总结经验教训变更现有连接，并进行全局搜索，寻找较高知识水平的主体重新建立连接，使知识协同能达到更理想的效果，知识增长速度更快，服务创新绩效也会提高。

当网络中同时存在策略更新和结构更新时，两者之间存在相互影响，较快的策略更新速度伴随较快的结构更新速度，将有助于达到较高的平均知识水平。

第8章

结论与展望

8.1 研究工作总结

本书将复杂网络理论引入有顾客参与的知识协同的研究领域，构建了顾客——企业知识协同网络模型，并研究网络结构和主体策略行为的改变对知识协同的影响，以期明确网络结构、主体策略行为同服务创新绩效之间的关系。这些成果有助于顾客知识向企业知识转移，促进企业服务创新，提高企业快速响应市场变化与顾客需求的能力，进而加强企业动态竞争能力。具体而言，本书构建了两个顾客—企业知识协同模型，分别研究了结构不变和引入主体策略并和结构协同演化情景下的知识协同绩效。

（1）根据复杂网络模型构造算法构造了一个顾客—企业知识协同网络，然后通过对知识协同过程进行建模和仿真，对比分析了规则网络、小世界网络、随机网络上的知识协同绩效。研究结果表明，随机网络在初期较有效，但知识协同演化一段时间后，

知识网络视域下顾客参与企业创新演化的实验研究

小世界网络结构上的知识协同绩效最高，这为组织建立有效的知识协同网络提供了依据和指导。

（2）在上述模型中引入主体策略行为并与网络结构协同演化。模型中把知识主体针对知识的传播和接收分为"积极的"和"消极的"两种策略，且主体的策略会根据知识水平的大小（知识收益）随时间进行更新。同时，网络结构也不是一成不变的，主体会根据知识收益以一定的网络更新规则改变知识协同对象，反映到知识协同网络上即为增、删边活动。研究发现，初始网络要达到一定的合作水平阈值，网络才会"进化"，且初始网络中较高的合作水平能促进知识协同，较快的策略更新速度伴随较快的结构更新速度有助于达到较好的知识协同效果。

8.2 研究局限及展望

服务创新作为一个崭新的研究领域受到国内外学者的广泛关注，特别是在企业自身知识不能满足其需要的情况下，利用顾客知识进行服务创新就显得尤为重要。本书选取知识密集型服务业为研究对象，通过运用复杂网络工具结合其他学者在顾客参与、知识协同方面的研究，从知识层面研究顾客参与，并构造了两个有顾客参与的知识协同网络模型，得到了较有意义的研究成果，但在研究中仍然存在一些不足和局限，这些不足也是未来进一步研究努力和改进的方向。

（1）服务企业的创新受到很多因素影响，而顾客仅为其中的一种作用主体，且顾客参与到企业服务创新过程中也会涉及众多因素。本书仅从知识层面研究了顾客参与，没有考虑其他一些诸如信任、激励等方面的因素，为了全面研究有顾客参与的服务创新，在未来的研究中可以加入其他影响因素，对顾客参与进行多方面的剖析。

（2）本书在基于个体策略选择和网络结构演化的顾客—企业知识协同研究中，对主体策略更新规则和网络结构更新规则的研究不够深入，对模型中的更新规则进行了简化处理，未来的研究可以针对多种策略和结构更新规则进行更加细致的分析。

（3）本书在模型中考虑了知识增长的两种方式：创新和学习。然而创新的方式有多种，本书只基于其中一种进行了分析，未来的研究可以结合生产函数等创新方式分析不同企业之间的协同创新。

参 考 文 献

[1] 成桂芳，宁宣熙.（2005）. 虚拟企业内成员企业间知识协同行为的博弈分析. 科技进步与对策，22（005），10-12.

[2] 崔林，宋瀚涛，陆玉昌.（2005）. 基于语义相似性的资源协同过滤技术研究. 北京理工大学学报，25（005），402-405.

[3] 丁瑨，陈晓荣，韩丽川.（2008）. 复杂知识网络的结构特征对知识流动的影响. 上海理工大学学报，30（003），237-242.

[4] 樊治平，冯博，俞竹超.（2007）. 知识协同的发展及研究展望. 科学学与科学技术管理，28（011），85-91.

[5] 李怀斌，邱晓文.（2004）. 客户性质新解与客户内部化. 中国工业经济，6，93-99.

[6] 李金华，孙东川.（2006）. 复杂网络上的知识传播模型. 华南理工大学学报：自然科学版，34（006），99-102.

[7] 林敏，李南，陈婷婷.（2009）. 基于复杂网络的知识转移模拟与分析. 系统工程，27（003），115-118.

[8] 刘文超.（2011）. 顾客参与共同创造服务体验的机理研究，吉林大学博士学位论文.

[9] 刘勇军.（2006）. 基于语义Web服务的供应链知识协同模式研究，武汉：武汉理工大学.

［10］潘开灵，白列湖，程奇．(2007)．管理协同倍增效应的系统思考．系统科学学报，15（1），70-73.

［11］齐丽云，汪克夷，张芳芳，赵笑一．(2008)．企业内部知识传播的系统动力学模型研究．管理科学，21（006），9-20.

［12］施慧斌．(2008)．知识协同概念分析及其心理契约研究，沈阳：东北大学．

［13］田锋，李人厚，顾新华，秦明，张金成．(2003)．协同设计中人力资源，组织和知识管理的研究．系统工程理论与实践，23（7），17-23.

［14］汪小帆，李翔，陈关荣．(2006)．复杂网络理论及其应用．北京：清华大学出版社．

［15］王慧．(2009)．企业集团内部的知识协同研究，济南：山东大学．

［16］魏江，陶颜，王琳．(2007)．知识密集型服务业的概念与分类研究．中国软科学，(001)，33-41.

［17］杨波，陈忠．(2007)．复杂社会网络的结构测度与模型研究，上海交通大学博士学位论文．

［18］杨铭，薛惠峰．(2009)．基于复杂网络的非正式团体知识交互网络分析．计算机仿真，(011)，122-125.

［19］姚作为．(2001)．浅析顾客的定义与基本分类．广东行政学院学报，13（003），69-71.

［20］战洪飞，李荣彬．(2002)．基于网络的协同知识管理系统（NCKMS）研究．计算机工程与应用，38（14），28-30.

［21］张若勇，刘新梅，张永胜．(2007)．顾客参与和服务创新关系研究：基于服务过程中知识转移的视角．科学学与科学

技术管理, 28 (010), 92 – 97.

[22] 张祥, 陈荣秋. (2006). 顾客参与链: 让顾客与企业共同创造竞争优势. 管理评论, 18 (001), 51 – 56.

[23] Skaggs, B. C.; Youndt, M. Strategic positioning, human capital, and performance in service organizations: a customer interaction approach. *Strategic Manage J* 2004, 25, 85 – 99.

[24] Anklam, P. Knowledge Management: The Collaboration Thread. *Bulletin of The American Society for Information Science and Technology* 2005, 28, 8 – 11.

[25] Hanaki, N.; Peterhansl, A.; Dodds, P. S.; Watts, D. J. Cooperation in evolving social networks. *Manage Sci* 2007, 53, 1036 – 1050.

[26] De Jong, J. P. J.; Vermeulen, P. A. M. Organizing successful new service development: a literature review. *Manage Decis* 2003, 41, 844 – 858.

[27] Namasivayam, K. The consumer as "transient employee": Consumer satisfaction through the lens of job-performance models. *International Journal of Service Industry Management* 2003, 14, 420 – 435.

[28] Prahalad, C. K.; Ramaswamy, V. Co-opting customer competence. *Harvard Bus Rev* 2000, 78, 79 – 90.

[29] Kellogg, D. L.; Youngdahl, W. E.; Bowen, D. E. On the relationship between customer participation and satisfaction: two frameworks. *International Journal of Service Industry Management* 1997, 8, 206 – 219.

［30］ Lin, W. T. ; Shao, B. B. M. The relationship between user participation and system success: a simultaneous contingency approach. *Inform Manage – Amster* 2000, 37, 283 – 295.

［31］ Ennew, C. T. ; Binks, M. R. Impact of participative service relationships on quality, satisfaction and retention: an exploratory study. *J Bus Res* 1999, 46, 121 – 132.

［32］ Lundkvist, A. ; Yakhlef, A. Customer involvement in new service development: a conversational approach. *Managing Service Quality* 2004, 14, 249 – 257.

［33］ Alam, I. An exploratory investigation of user involvement in new service development. *J Acad Market Sci* 2002, 30, 250.

［34］ Alam, I. ; Perry, C. A customer-oriented new service development process. *J Serv Mark* 2002, 16, 515 – 534.

［35］ Ulwick, A. W. Turn Customer Input into Innovation. *Harvard Bus Rev* 2002, 80, 91 – 97.

［36］ Matthing, J. ; Sanden, B. ; Edvardsson, B. New service development: learning from and with customers. *International Journal of Service Industry Management* 2004, 15, 479 – 498.

［37］ Brennecke, J. ; Rank, O. The firm's knowledge network and the transfer of advice among corporate inventors—A multi-level network study. *Res Policy* 2017, 46, 768 – 783.

［38］ Costantini, V. ; Crespi, F. ; Palma, A. Characterizing the policy mix and its impact on eco-innovation: A patent analysis of energy-efficient technologies. *Res Policy* 2017, 46, 799 – 819.

知识网络视域下顾客参与企业创新演化的实验研究

[39] Gans, J. S. ; Murray, F. E. ; Stern, S. Contracting over the disclosure of scientific knowledge: Intellectual property and academic publication. *Res Policy* 2017, 46, 820 – 835.

[40] Baruffaldi, S. H. ; Di Maio, G. ; Landoni, P. Determinants of PhD holders' use of social networking sites: An analysis based on LinkedIn. *Res Policy* 2017, 46, 740 – 750.

[41] Li, L. ; Feng, L. ; Guo, X. ; Xie, H. ; Shi, W. Complex Network Analysis of Transmission Mechanism for Sustainable Incentive Policies. *Sustainability – Basel* 2020, 12, 745.

[42] Olaisen, J. ; Revang, O. Working smarter and greener: Collaborative knowledge sharing in virtual global project teams. *Int J Inform Manage* 2017, 37, 1441 – 1448.

[43] Dousset, B. Innovation and network structural dynamics: Study of the alliance network of a major sector of the biotechnology industry. *Res Policy* 2005, 34, 1457 – 1475.

[44] Yang, B. Research on Characterizing and Modeling the Structure of Complex Social Networks. Type, Shanghai Jiao Tong University, 2007.

[45] Hao, J. ; Li, C. ; Yuan, R. ; Ahmed, M. ; Khan, M. A. ; Oláh, J. The Influence of the Knowledge-Based Network Structure Hole on Enterprise Innovation Performance: The Threshold Effect of R & D Investment Intensity. *Sustainability* 2020.

[46] Kim, H. ; Park, Y. Structural effects of R & D collaboration network on knowledge diffusion performance. *Expert Syst Appl* 2009, 36, 8986 – 8992.

[47] Nagurney, A.; Qiang, Q. A Knowledge Collaboration Network Model across Disciplines. *Advances in Social Computing* 2010, 138 – 148.

[48] Wang, J. Knowledge creation in collaboration networks: Effects of tie configuration. *Res Policy* 2016, 45, 68 – 80.

[49] Abramson, G., & Kuperman, M. (2001). Social games in a social network. *Physical Review E*, 63 (3), 30901.

[50] Alam, I. (2002). An exploratory investigation of user involvement in new service development. *Journal of the Academy of Marketing Science*, 30 (3), 250.

[51] Alam, I., & Perry, C. (2002). A customer-oriented new service development process. *Journal of Services Marketing*, 16 (6), 515 – 534.

[52] Anklam, P. (2002a). Knowledge management: the collaboration thread. *Bulletin of the American Society for Information Science and Technology*, 28 (6), 8 – 11.

[53] Anklam, P. (2002b). Knowledge management: the collaboration thread. *Bulletin of the American Society for Information Science and Technology*, 28 (6), 8 – 11.

[54] Ansoff, H. I. (1965). *Corporate strategy: An analytic approach to business policy for growth and expansion.* McGraw – Hill New York.

[55] Barabási, A. L., & Albert, R. (1999). Emergence of scaling in random networks. *Science*, 286 (5439), 509.

[56] Basole, R. C., & Rouse, W. B. (2008). Complexity of

service value networks: conceptualization and empirical investigation. *IBM Systems Journal*, 47 (1), 53 – 70.

[57] Boccaletti, S., Latora, V., Moreno, Y., Chavez, M., & Hwang, D. U. (2006). Complex networks: Structure and dynamics. *Physics reports*, 424 (4 – 5), 175 – 308.

[58] Cermak, D. S. P., File, K. M., & Prince, R. A. (2011). Customer participation in service specification and delivery. *Journal of Applied Business Research (JABR)*, 10 (2), 90 – 97.

[59] Chen, X., Fu, F., & Wang, L. (2007). Prisoner's Dilemma on community networks. *Physica A: Statistical Mechanics and its Applications*, 378 (2), 512 – 518.

[60] Chesbrough, H. W. (2006). *Open business models: How to thrive in the new innovation landscape.* Harvard Business Press.

[61] Cowan, R., & Jonard, N. (2004). Network structure and the diffusion of knowledge. *Journal of Economic Dynamics & Control*, 28 (8), 1557 – 1575. http: //doi. org/10. 1016/j. jedc. 2003. 04. 002.

[62] Ennew, C. T., & Binks, M. R. (1999). Impact of participative service relationships on quality, satisfaction and retention: an exploratory study. *Journal of Business Research*, 46 (2), 121 – 132.

[63] Erdös, P., & Rényi, A. (1960). *On the evolution of random graphs.* Akad. Kiadó.

[64] Fritsch, M., & Kauffeld – Monz, M. (2010). The im-

pact of network structure on knowledge transfer: an application of social network analysis in the context of regional innovation networks. *The Annals of Regional Science*, 44 (1), 21 – 38.

[65] Hanaki, N. , Peterhansl, A. , Dodds, P. S. , & Watts, D. J. (2007). Cooperation in evolving social networks. *Management Science*, 53 (7), 1036 – 1050.

[66] Hsieh, A. T. , & Yen, C. H. (2005). The effect of customer participation on service providers' job stress. *The Service Industries Journal*, 25 (7), 891 – 905.

[67] Itami, H. , & Roehl, T. W. (1991). *Mobilizing invisible assets*. Harvard Univ Pr.

[68] Kellogg, D. L. , Youngdahl, W. E. , & Bowen, D. E. (1997). On the relationship between customer participation and satisfaction: two frameworks. *International Journal of Service Industry Management*, 8 (3), 206 – 219.

[69] Kemppilä, S. , & Mettänen, P. (2004. *Innovations in knowledge-intensive services*. Paper presented at the.

[70] Kim, H. , & Park, Y. (2009). Structural effects of R&D collaboration network on knowledge diffusion performance. *Expert Systems with Applications*, 36 (5), 8986 – 8992.

[71] Lovelock, C. H. , & Young, R. F. (1979). Look to consumers to increase productivity. *Harvard Business Review*, 57 (December 1977), 168 – 179.

[72] Lundkvist, A. , Yakhlef, A. (2004). Customer involvement in new service development: a conversational approach.

Managing Service Quality, 14 (2/3), 249 – 257.

［73］ Nagurney, A. , & Qiang, Q. (2010) . A Knowledge Collaboration Network Model across Disciplines. *Advances in Social Computing*, 138 – 148.

［74］ Namasivayam, K. (2003). The consumer as " transient employee": Consumer satisfaction through the lens of job-performance models. *International Journal of Service Industry Management*, 14 (4), 420 – 435.

［75］ Newman, M. E. J. (2003). The structure and function of complex networks. *Siam Review*, 167 – 256.

［76］ Newman, M. E. J. , & Watts, D. J. (1999) . Renormalization group analysis of the small-world network model. *Physics Letters a*, 263 (4 – 6), 341 – 346. http: //doi. org/10. 1016/ s0375 – 9601 (99) 00757 – 4.

［77］ Nowak, M. A. , & May, R. M. (1992) . Evolutionary games and spatial chaos. *Nature*, 359 (6398), 826 – 829.

［78］ Ohira, M. , Ohsugi, N. , Ohoka, T. , & Matsumoto, K. (2005 a. *Accelerating cross-project knowledge collaboration using collaborative filtering and social networks.* Paper presented at the.

［79］ Ohira, M. , Ohsugi, N. , Ohoka, T. , & Matsumoto, K. (2005 b. *Accelerating cross-project knowledge collaboration using collaborative filtering and social networks.* Paper presented at the.

［80］ Prahalad, C. K. , & Ramaswamy, V. (2000). Co-opting customer competence. *Harvard Business Review*, 78 (1), 79 – 90.

［81］ Reagans, R. , & McEvily, B. (2003). Network structure and knowledge transfer: The effects of cohesion and range [Article]. *Administrative Science Quarterly*, 48 (2), 240 – 267.

[82] Santos, F. C. , & Pacheco, J. M. (2005). Scale-free networks provide a unifying framework for the emergence of cooperation. *Physical Review Letters*, 95 (9), 98 – 104.

[83] Watts, D. J. , & Strogatz, S. H. (1998). Collective dynamics of 'small-world' networks. *Nature*, 393 (6684), 440 – 442.

[84] Wu, Z. X. , Xu, X. J. , Huang, Z. G. , Wang, S. J. , & Wang, Y. H. (2006). Evolutionary prisoner's dilemma game with dynamic preferential selection. *Physical Review E*, 74 (2), 21107.

[85] Zimmermann, M. G. , Eguíluz, V. M. , & San Miguel, M. (2004). Coevolution of dynamical states and interactions in dynamic networks. *Physical Review E*, 69 (6), 65102.

[86] Alam, I. (2002). An exploratory investigation of user involvement in new service development. Journal of the Academy of Marketing Science, 30 (3), 250.

[87] Alam, I. , & Perry, C. (2002). A customer-oriented new service development process. Journal of Services Marketing, 16 (6), 515 – 534.

[88] Anklam, P. (2005). Knowledge Management: The Collaboration Thread. Bulletin of The American Society for Information Science and Technology, 28 (6), 8 – 11. doi: 10. 1002/bult. 254.

[89] Baruffaldi, S. H. , Di Maio, G. , & Landoni, P. (2017). Determinants of PhD holders' use of social networking sites:

知识网络视域下顾客参与企业创新演化的实验研究

An analysis based on LinkedIn. Research Policy, 46 (4), 740 –
750. doi: 10. 1016/j. respol. 2017. 01. 014.

[90] Brennecke, J. , & Rank, O. (2017). The firm's
knowledge network and the transfer of advice among corporate in-
ventors—A multilevel network study. Research Policy, 46 (4),
768 – 783. doi: 10. 1016/j. respol. 2017. 02. 002.

[91] Carayannis, E. G. , Campbell, D. F. , & Grigoroudis,
E. (2021). Helix Trilogy: the Triple, Quadruple, and Quintuple
Innovation Helices from a Theory, Policy, and Practice Set of Per-
spectives. Journal of the Knowledge Economy, 1 – 30.

[92] Carayannis, E. G. , Dezi, L. , Gregori, G. , & Calo,
E. (2021). Smart environments and techno-centric and human-centric
innovations for Industry and Society 5. 0: A quintuple helix innova-
tion system view towards smart, sustainable, and inclusive solu-
tions. Journal of the Knowledge Economy, 1 – 30.

[93] Cepeda – Carrion, I. , Ortega – Gutierrez, J. , Garrido –
Moreno, A. , & Cegarra – Navarro, J. (2022). The Mediating
Role of Knowledge Creation Processes in the Relationship Between
Social Media and Open Innovation. Journal of the Knowledge Econ-
omy, 1 – 23.

[94] Chaithanapat, P. , & Rakthin, S. (2021). Customer
knowledge management in SMEs: Review and research agenda.
Knowledge and Process Management, 28 (1), 71 – 89.

[95] Chesbrough, H. W. (2003). Open innovation: The new
imperative for creating and profiting from technology. Harvard Busi-

ness Press.

[96] Costantini, V. , Crespi, F. , & Palma, A. (2017). Characterizing the policy mix and its impact on eco-innovation: A patent analysis of energy-efficient technologies. Research Policy, 46 (4), 799 – 819. doi: 10. 1016/j. respol. 2017. 02. 004.

[97] Cui, A. S. , & Wu, F. (2016). Utilizing customer knowledge in innovation: antecedents and impact of customer involvement on new product performance. Journal of the academy of marketing science, 44 (4), 516 – 538.

[98] Dousset, B. (2005). Innovation and network structural dynamics: Study of the alliance network of a major sector of the biotechnology industry. Research Policy, 34 (10), 1457 – 1475. doi: 10. 1016/j. respol. 2005. 07. 001.

[99] Ennew, C. T. , & Binks, M. R. (1999). Impact of participative service relationships on quality, satisfaction and retention: An exploratory study. Journal of Business Research, 46 (2), 121 – 132.

[100] Eshel, I. , Samuelson, L. , & Shaked, A. (1998). Altruists, egoists, and hooligans in a local interaction model. American Economic Review, 157 – 179.

[101] Gans, J. S. , Murray, F. E. , & Stern, S. (2017). Contracting over the disclosure of scientific knowledge: Intellectual property and academic publication. Research Policy, 46 (4), 820 – 835. doi: 10. 1016/j. respol. 2017. 02. 005.

[102] Hanaki, N. , Peterhansl, A. , Dodds, P. S. , & Watts,

D. J. (2007). Cooperation in evolving social networks. Management Science, 53 (7), 1036 – 1050.

[103] Hanaki, N. , Peterhansl, A. , Dodds, P. S. , & Watts, D. J. (2007). Cooperation in Evolving Social Networks. Management Science, 53 (7), 1036 – 1050. doi: 10. 1287/mnsc. 1060. 0625.

[104] Hao, J. , Li, C. , Yuan, R. , Ahmed, M. , Khan, M. A. , ... Oláh, J. (2020). The Influence of the Knowledge – Based Network Structure Hole on Enterprise Innovation Performance: The Threshold Effect of R&D Investment Intensity. Sustainability. doi: 10. 3390/su12156155.

[105] Hoyer, W. D. , Chandy, R. , Dorotic, M. , Krafft, M. , & Singh, S. S. (2010). Consumer cocreation in new product development. Journal of service research, 13 (3), 283 – 296.

[106] Kellogg, D. L. , Youngdahl, W. E. , & Bowen, D. E. (1997). On the relationship between customer participation and satisfaction: two frameworks. International Journal of Service Industry Management, 8 (3), 206 – 219.

[107] Kim, H. , & Park, Y. (2009). Structural effects of R&D collaboration network on knowledge diffusion performance. Expert Systems with Applications, 36 (5), 8986 – 8992.

[108] Li, L. , Feng, L. , Guo, X. , Xie, H. , & Shi, W. (2020). Complex Network Analysis of Transmission Mechanism for Sustainable Incentive Policies. Sustainability, 12 (2), 745. doi: 10. 3390/su12020745.

[109] Lin, W. T. , & Shao, B. B. M. (2000). The relation-

ship between user participation and system success: a simultaneous contingency approach. Information & Management, 37 (6), 283 – 295. doi: 10. 1016/S0378 – 7206 (99) 00055 – 5.

[110] Liu, D. , Han, S. , & Zhang, J. (2022). The golden mean: Research on the mechanism of customer participation in employee service innovation. Journal of Retailing and Consumer Services, 68, 103040.

[111] Lundkvist, A. , & Yakhlef, A. (2004). Customer involvement in new service development: A conversational approach. Managing Service Quality, 14 (2/3), 249 – 257.

[112] Matthing, J. , Sanden, B. , & Edvardsson, B. (2004). New service development: Learning from and with customers. International Journal of Service Industry Management, 15 (5), 479 – 498. doi: 10. 1108/09564230410564948.

[113] Mursid, A. , & Wu, C. H. (2021). Customer participation, value co-creation and customer loyalty: evidence from Umrah travel agencies in Indonesia. Journal of Islamic Marketing.

[114] Mustak, M. , Jaakkola, E. , Halinen, A. , & Kaartemo, V. (2016). Customer participation management: Developing a comprehensive framework and a research agenda. Journal of Service Management.

[115] Nagurney, A. , & Qiang, Q. (2010). A Knowledge Collaboration Network Model across Disciplines. Advances in Social Computing, 138 – 148.

[116] Olaisen, J. , & Revang, O. (2017). Working smarter

and greener: Collaborative knowledge sharing in virtual global project teams. International Journal of Information Management, 37 (1), 1441 – 1448. doi: 10. 1016/j. ijinfomgt. 2016. 10. 002.

[117] Prahalad, C. K. , & Ramaswamy, V. (2000). Co-opting customer competence. Harvard business review, 78 (1), 79 – 90.

[118] Senbeto, D. L. , & Hon, A. H. Y. (2020). Market turbulence and service innovation in hospitality: Examining the underlying mechanisms of employee and organizational resilience. The Service Industries Journal, 40 (15 – 16), 1119 – 1139. doi: 10. 1080/02642069. 2020. 1734573.

[119] Skaggs, B. C. , & Youndt, M. (2004). Strategic positioning, human capital, and performance in service organizations: A customer interaction approach. Strategic Management Journal, 25 (1), 85 – 99. doi: 10. 1002/smj. 365.

[120] Ulwick, A. W. (2002). Turn Customer Input into Innovation. Harvard Business Review, 80 (1), 91 – 97.

[121] Von Hippel, E. (2010). Open user innovation Handbook of the Economics of Innovation (1, pp. 411 – 427): Elsevier. Reprinted.

[122] Vrontis, D. , & Christofi, M. (2021). R & D internationalization and innovation: A systematic review, integrative framework and future research directions. Journal of Business Research, 128, 812 – 823.

[123] Wang, J. (2016). Knowledge creation in collaboration networks: Effects of tie configuration. Research Policy, 45 (1),

68 – 80. doi: 10. 1016/j. respol. 2015. 09. 003.

[124] Watts, D. J. (1999). Networks, dynamics, and the small-world phenomenon. American Journal of sociology, 105 (2), 493 – 527.

[125] Wilensky, U. (1999). NetLogo. http: //ccl. northwestern. edu/netlogo/. Center for Connected Learning and Computer – Based Modeling, Northwestern University, Evanston, IL.

[126] Xu, L., Ding, R., & Wang, L. (2022). How to facilitate knowledge diffusion in collaborative innovation projects by adjusting network density and project roles. Scientometrics, 1 – 27.

[127] Yang, B. (2007). Research on Characterizing and Modeling the Structure of Complex Social Networks. , Shanghai Jiao Tong University. Retrieved from Available from.

[128] Ye, H. J., & Kankanhalli, A. (2020). Value cocreation for service innovation: Examining the relationships between service innovativeness, customer participation, and mobile app performance. Journal of the Association for Information Systems, 21 (2), 8.

[129] Zhang, L., & Chen, W. (2021). How Do Innovation Network Structures Affect Knowledge Sharing? A Simulation Analysis of Complex Networks. Complexity, 2021, 1 – 17. doi: 10. 1155/ 2021/5107630.

[130] Zhang, Z., & Tan, Y. (2003). Complete Information Dynamic Game Analysis in Customer Knowledge Sharing Process. [Complete Information Dynamic Game Analysis in Customer Knowl-

edge Sharing Process]. Journal Of Shanghai University Of Engineering Science, 17 (1), 39 – 43. doi: 10. 3969/j. issn. 1009 – 444X. 2003. 01. 008.

[131] Zhao, J. (2022). Coupling Open Innovation: Network Position, Knowledge Integration Ability, and Innovation Performance. Journal of the Knowledge Economy. doi: 10. 1007/s13132 – 022 – 00932 – z.

[132] Zheng, C. (2021). Evolutionary game analysis of knowledge sharing in low-carbon innovation network. Complexity, 2021.

[133] The coevolution of endogenous knowledge networks and knowledge creation. (2004). Transnational Knowledge Networks: Bridging Research and Policy. *Business Information Searcher*, 14 (3/4), 10.

[134] Albats, E. , Podmetina, D. , & Vanhaverbeke, W. (2021). Open innovation in SMEs: A process view towards business model innovation. *Journal of Small Business Management*, 1 – 42.

[135] Bakker, M. , Leenders, R. T. A. , Gabbay, S. M. , Kratzer, J. , & Van Engelen, J. M. (2006). Is trust really social capital? Knowledge sharing in product development projects. *The Learning Organization*.

[136] Balka, K. , Raasch, C. , & Herstatt, C. (2014). The effect of selective openness on value creation in user innovation communities. *Journal of Product Innovation Management*, 31 (2), 392 – 407.

[137] Barabási, A. L. , & Albert, R. (1999). Emergence of

scaling in random networks. *Science*, 286 (5439), 509.

［138］ Bertello, A. , Ferraris, A. , De Bernardi, P. , & Bertoldi, B. (2022). Challenges to open innovation in traditional SMEs: An analysis of pre-competitive projects in university-industry-government collaboration. *International Entrepreneurship and Management Journal*, 18 (1), 89 – 104.

［139］ Blazevic, V. , & Lievens, A. (2008). Managing innovation through customer coproduced knowledge in electronic services: An exploratory study. *Journal of the Academy of Marketing Science*, 36 (1), 138 – 151.

［140］ Brachos, D. , Kostopoulos, K. , Soderquist, K. E. , & Prastacos, G. (2007). Knowledge effectiveness, social context and innovation. *Journal of Knowledge Management*.

［141］ Brennecke, J. , & Rank, O. (2017). The firm's knowledge network and the transfer of advice among corporate inventors—A multilevel network study. *Research Policy*, 46 (4), 768 – 783. http://doi. org/10. 1016/j. respol. 2017. 02. 002.

［142］ Calof, J. , Meissner, D. , & Razheva, A. (2018). Overcoming open innovation challenges: A contribution from foresight and foresight networks. *Technology Analysis & Strategic Management*, 30 (6), 718 – 733. http://doi. org/10. 1080/09537325. 2017. 1351609.

［143］ Chang, W. , & Taylor, S. A. (2016). The effectiveness of customer participation in new product development: A meta-analysis. *Journal of Marketing*, 80 (1), 47 – 64.

［144］Chaudhary, S. , Kaur, P. , Talwar, S. , Islam, N. , & Dhir, A. (2022). Way off the mark? Open innovation failures: Decoding what really matters to chart the future course of action. *Journal of Business Research*, 142, 1010 – 1025. http: //doi. org/https: //doi. org/10. 1016/j. jbusres. 2021. 12. 062.

［145］Chesbrough, H. W. (2003). *Open innovation: The new imperative for creating and profiting from technology.* Harvard Business Press.

［146］Chiu, C. , Hsu, M. , & Wang, E. T. (2006). Understanding knowledge sharing in virtual communities: An integration of social capital and social cognitive theories. *Decision Support Systems*, 42 (3), 1872 – 1888.

［147］Choudhury, N. , & Uddin, S. (2016). Time-aware link prediction to explore network effects on temporal knowledge evolution. *Scientometrics*, 108 (2), 745 – 776.

［148］Chow, W. S. , & Chan, L. S. (2008a). Social network, social trust and shared goals in organizational knowledge sharing. *Information & Management*, 45 (7), 458 – 465.

［149］Chow, W. S. , & Chan, L. S. (2008b). Social network, social trust and shared goals in organizational knowledge sharing. *Information & Management*, 45 (7), 458 – 465. http: //doi. org/10. 1016/j. im. 2008. 06. 007.

［150］Chua, A. (2002). The influence of social interaction on knowledge creation. *Journal of Intellectual Capital.*

［151］Cowan, R. , & Jonard, N. (2004). Network structure

and the diffusion of knowledge. *Journal of Economic Dynamics & Control*, 28 (8), 1557 – 1575. http：//doi. org/10. 1016/j. jedc. 2003. 04. 002.

[152] Cui, A. S. , & Wu, F. (2016). Utilizing customer knowledge in innovation：antecedents and impact of customer involvement on new product performance. *Journal of the Academy of Marketing Science*, 44 (4), 516 –538.

[153] Del Vecchio, P. , Mele, G. , Passiante, G. , Vrontis, D. , & Fanuli, C. (2020). Detecting customers knowledge from social media big data：Toward an integrated methodological framework based on netnography and business analytics. *Journal of Knowledge Management.*

[154] Fidel, P. , Schlesinger, W. , & Cervera, A. (2015). Collaborating to innovate：Effects on customer knowledge management and performance. *Journal of Business Research*, 68 (7), 1426 – 1428. http：//doi. org/https：//doi. org/10. 1016/j. jbusres. 2015. 01. 026.

[155] Fritsch, M. , & Kauffeld – Monz, M. (2010). The impact of network structure on knowledge transfer：an application of social network analysis in the context of regional innovation networks. *The Annals of Regional Science*, 44 (1), 21 –38.

[156] Füller, J. , Matzler, K. , & Hoppe, M. (2008). Brand community members as a source of innovation. *Journal of Product Innovation Management*, 25 (6), 608 –619.

[157] Ghahtarani, A. , Sheikhmohammady, M. , & Rosta-

mi, M. (2020). The impact of social capital and social interaction on customers' purchase intention, considering knowledge sharing in social commerce context. *Journal of Innovation & Knowledge*, 5 (3), 191 – 199. http: //doi. org/10. 1016/j. jik. 2019. 08. 004.

[158] Ha, T., & Nguyen, P. (2020). Social capital, knowledge sharing and firm performance. *Management Science Letters*, 10 (12), 2923 – 2930.

[159] Halbinger, M. A. (2018). The role of makerspaces in supporting consumer innovation and diffusion: An empirical analysis. *Research Policy*, 47 (10), 2028 – 2036. http: //doi. org/https: //doi. org/10. 1016/j. respol. 2018. 07. 008.

[160] Hanaki, N., Peterhansl, A., Dodds, P. S., & Watts, D. J. (2007). Cooperation in Evolving Social Networks. *Management Science*, 53 (7), 1036 – 1050. http: //doi. org/10. 1287/mnsc. 1060. 0625.

[161] Harrison, F., & El Mouden, C. (2011). Exploring the effects of working for endowments on behaviour in standard economic games. *Plos One*, 6 (11), e27623.

[162] Hoyer, W. D., Chandy, R., Dorotic, M., Krafft, M., & Singh, S. S. (2010). Consumer cocreation in new product development. *Journal of Service Research*, 13 (3), 283 – 296.

[163] Inkpen, A. C., & Tsang, E. W. (2005). Social capital, networks, and knowledge transfer. *Academy of Management Review*, 30 (1), 146 – 165.

[164] Jackson, M. O., & Rogers, B. W. (2007). Meeting

strangers and friends of friends: How random are social networks? *The American economic review*, 890 – 915.

［165］Jackson, M. O. , & Watts, A. (2002). The evolution of social and economic networks. *Journal of Economic Theory*, 106 (2) , 265 – 295.

［166］Jarvenpaa, S. L. , & Tanriverdi, H. (2003). Leading virtual knowledge networks. *Organizational Dynamics*, 31 (4) , 403 – 412.

［167］Johnson, D. , & Grayson, K. (2005). Cognitive and affective trust in service relationships. *Journal of Business Research*, 58 (4) , 500 – 507.

［168］Kim, H. , Xu, Y. , & Gupta, S. (2012). Which is more important in Internet shopping, perceived price or trust? *Electronic Commerce Research and Applications*, 11 (3) , 241 – 252. http: //doi. org/10. 1016/j. elerap. 2011. 06. 003.

［169］Kim, H. , & Park, Y. (2009). Structural effects of R&D collaboration network on knowledge diffusion performance. *Expert Systems with Applications*, 36 (5) , 8986 – 8992.

［170］Kratzer, J. , Lettl, C. , Franke, N. , & Gloor, P. A. (2016). The social network position of lead users. *Journal of Product Innovation Management*, 33 (2) , 201 – 216.

［171］Kun, L. I. (2018). Multi-context research on strategy characteristics of knowledge sharing in organization based on dynamic cooperative game perspective. *Journal of Knowledge Management*.

［172］Lall, S. (1992). Technological capabilities and industrialization. *World Development*, 20 (2), 165 – 186.

〔173〕Lavie, D. , & Drori, I. (2012) . Collaborating for knowledge creation and application: The case of nanotechnology research programs. *Organization Science*, 23 (3), 704 – 724.

〔174〕Leskovec, J. , Backstrom, L. , Kumar, R. , & Tomkins, A. (2008) . *Microscopic evolution of social networks*. Paper presented at the Proceedings of the 14th ACM SIGKDD international conference on Knowledge discovery and data mining.

〔175〕Lewicki, R. J. , Tomlinson, E. C. , & Gillespie, N. (2006). Models of interpersonal trust development: The oretical approaches, empirical evidence, and future directions. *Journal of Management*, 32 (6), 991 – 1022.

〔176〕Li, W. , Veliyath, R. , & Tan, J. (2013). Network Characteristics and Firm Performance: An Examination of the Relationships in the Context of a Cluster. *Journal of Small Business Management*, 51 (1), 1 – 22. http://doi. org/10. 1111/j. 1540 – 627X. 2012. 00375. x.

〔177〕Liu, D. , Han, S. , & Zhang, J. (2022). The golden mean: Research on the mechanism of customer participation in employee service innovation. *Journal of Retailing and Consumer Services*, 68, 103040.

〔178〕Liu, X. , & Ma, F. (2012). Evolution and dynamics of scientific knowledge network: Based on the study of scientific citation network. *Journal of Management Sciences in China*, 15 (01), 87 – 94.

［179］Lovejoy, W. S. , & Sinha, A. (2010). Efficient Structures for Innovative Social Networks ［Article］. *Management Science*, 56 (7), 1127 – 1145. http：//doi. org/10. 1287/mnsc. 1100. 1168.

［180］Luo, S. , Du, Y. , Liu, P. , Xuan, Z. , & Wang, Y. (2015). A study on coevolutionary dynamics of knowledge diffusion and social network structure. *Expert Systems with Applications*, 42 (7), 3619 – 3633.

［181］Maghssudipour, A. , Lazzeretti, L. , & Capone, F. (2020). The role of multiple ties in knowledge networks：Complementarity in the Montefalco wine cluster. *Industrial Marketing Management*, 90, 667 – 678.

［182］Mathrani, S. , & Edwards, B. (2020). Knowledge-sharing strategies in distributed collaborative product development. *Journal of Open Innovation：Technology, Market, and Complexity*, 6 (4), 194.

［183］McAllister, D. J. (1995). Affect and cognition-based trust as foundations for interpersonal cooperation in organizations. *Academy of Management Journal*, 38 (1), 24 – 59.

［184］McFadyen, M. A. , Semadeni, M. , & Cannella Jr, A. A. (2009). Value of strong ties to disconnected others：Examining knowledge creation in biomedicine. *Organization Science*, 20 (3), 552 – 564.

［185］Mursid, A. , & Wu, C. H. (2021). Customer participation, value co-creation and customer loyalty：Evidence from Umrah travel agencies in Indonesia. *Journal of Islamic Marketing*.

知识网络视域下顾客参与企业创新演化的实验研究

［186］Mustak, M., Jaakkola, E., Halinen, A., & Kaar-temo, V. (2016). Customer participation management: Developing a comprehensive framework and a research agenda. *Journal of Service Management.*

［187］Mustak, M., Jaakkola, E., & Halinen, A. (2013). Customer participation and value creation: A systematic review and research implications. *Managing Service Quality: An International Journal.*

［188］Nahapiet, J., & Ghoshal, S. (1998). Social capital, intellectual capital, and the organizational advantage. *Academy of Management Review*, 23 (2), 242–266.

［189］Najafi – Tavani, S., Najafi – Tavani, Z., Naudé, P., Oghazi, P., & Zeynaloo, E. (2018). How collaborative innovation networks affect new product performance: Product innovation capability, process innovation capability, and absorptive capacity. *Industrial Marketing Management*, 73, 193–205.

［190］Neumann, E., & Prusak, L. (2007). Knowledge networks in the age of the Semantic Web. *Briefings in Bioinformatics*, 8 (3), 141–149.

［191］Newman, M. E. J. (2003). The structure and function of complex networks. *Siam Review*, 167–256.

［192］Nowak, M. A., & May, R. M. (1992). Evolutionary games and spatial chaos. *Nature*, 359 (6398), 826–829.

［193］O Hern, M. S., & Rindfleisch, A. (2017). Customer co-creation: A typology and research agenda. *Review of marketing* research, 84 – 106.

[194] Olaisen, J. , & Revang, O. (2017). Working smarter and greener: Collaborative knowledge sharing in virtual global project teams. *International Journal of Information Management*, 37 (1), 1441 – 1448. http://doi. org/10. 1016/j. ijinfomgt. 2016. 10. 002.

[195] Phelps, C. , Heidl, R. , & Wadhwa, A. (2012). Knowledge, Networks, and Knowledge Networks: A Review and Research Agenda. *Journal of Management*, 38 (4), 1115 – 1166. http://doi. org/10. 1177/0149206311432640.

[196] Piller, F. T. , Ihl, C. , & Vossen, A. (2010). A typology of customer co-creation in the innovation process. *Available at SSRN* 1732127.

[197] Piller, F. T. , & Walcher, D. (2006). Toolkits for idea competitions: A novel method to integrate users in new product development. *R&D Management*, 36 (3), 307 – 318.

[198] Prahalad, C. K. , & Ramaswamy, V. (2000). Co-opting customer competence. *Harvard Business Review*, 78 (1), 79 – 90.

[199] Ramasamy, B. , Goh, K. W. , & Yeung, M. C. (2006). Is Guanxi (relationship) a bridge to knowledge transfer? *Journal of Business Research*, 59 (1), 130 – 139.

[120] Reagans, R. , & McEvily, B. (2003). Network structure and knowledge transfer: The effects of cohesion and range [Article]. *Administrative Science Quarterly*, 48 (2), 240 – 267.

[201] Renzl, B. (2008a). Trust in management and knowl-

edge sharing: The mediating effects of fear and knowledge documen-
tation. *Omega*, 36 (2), 206 – 220.

　[202] Renzl, B. (2008b). Trust in management and knowl-
edge sharing: The mediating effects of fear and knowledge documen-
tation. *Omega*, 36 (2), 206 – 220.

　[203] Rousseau, D. M., Sitkin, S. B., Burt, R. S., &
Camerer, C. (1998). Not so different after all: A cross-discipline
view of trust. *Academy of Management Review*, 23 (3), 393 – 404.

　[204] Schilling, M. A., & Phelps, C. C. (2007). Interfirm
collaboration networks: The impact of large-scale network structure
on firm innovation. *Management Science*, 53 (7), 1113 – 1126.

　[205] Senbeto, D. L., & Hon, A. H. Y. (2020). Market tur-
bulence and service innovation in hospitality: Examining the under-
lying mechanisms of employee and organizational resilience. *The
Service Industries Journal*, 40 (15 – 16), 1119 – 1139. http: //
doi. org/10. 1080/02642069. 2020. 1734573.

　[206] Seufert, A., Von Krogh, G., & Bach, A. (1999).
Towards knowledge networking. *Journal of Knowledge Management*.

　[207] Shan, H., Wang, W., & Wang, J. (2011). Simu-
lation Research on Evolving Model of Knowledge Network. *Journal
of System Simulation*, 23 (01), 80 – 84. http: //doi. org/10.
16182/j. cnki. joss. 2011. 01. 022.

　[208] Slåtten, T., & Mehmetoglu, M. (2011). Antecedents
and effects of engaged frontline employees: A study from the hospi-
tality industry. *Managing Service Quality: An International Journal*,

21（1），88－107.

［209］Storey，C. ，& Larbig，C. （2018）. Absorbing customer knowledge：how customer involvement enables service design success. *Journal of Service Research*，21（1），101－118.

［210］Temel，S. ，Mention，A. ，& Yurtseven，A. E. （2021）. Cooperation for innovation：More is not necessarily merrier. *European Journal of Innovation Management*.

［211］Tur，E. M. ，& Azagra－Caro，J. M. （2018）. The coevolution of endogenous knowledge networks and knowledge creation. *Journal of Economic Behavior & Organization*，145，424－434.

［212］Ulwick，A. W. （2002）. Turn Customer Input into Innovation. *Harvard Business Review*，80（1），91－97.

［213］Usoro，A. ，Sharratt，M. W. ，Tsui，E. ，& Shekhar，S. （2007）. Trust as an antecedent to knowledge sharing in virtual communities of practice. *Knowledge Management Research & Practice*，5（3），199－212.

［214］Vasudeva，G. ，Zaheer，A. ，& Hernandez，E. （2013）. The embeddedness of networks：Institutions，structural holes，and innovativeness in the fuel cell industry. *Organization Science*，24（3），645－663.

［215］Von Hippel，E. （1998）. Economics of product development by users：The impact of "sticky" local information. *Management Science*，44（5），629－644.

［216］Von Hippel，E. （2010）. Open user innovation *Handbook of the Economics of Innovation*（1，pp. 411－427）. Elsevier.

Reprinted.

[217] Vrontis, D. , & Christofi, M. (2021). R&D interna-
tionalization and innovation: A systematic review, integrative
framework and future research directions. *Journal of Business Re-
search*, 128, 812 – 823.

[218] Wagner, C. S. , & Leydesdorff, L. (2005). Network
structure, self-organization, and the growth of international collabo-
ration in science. *Research Policy*, 34 (10), 1608 – 1618.

[219] Wang, C. , Rodan, S. , Fruin, M. , & Xu, X.
(2014). Knowledge networks, collaboration networks, and explora-
tory innovation. *Academy of Management Journal*, 57 (2), 484 –
514.

[220] Wang, J. (2016). Knowledge creation in collaboration
networks: Effects of tie configuration. *Research Policy*, 45 (1),
68 – 80. http: //doi. org/10. 1016/j. respol. 2015. 09. 003.

[221] Watts, D. J. , & Dodds, P. S. (2007). Influentials,
networks, and public opinion formation. *Journal of Consumer Re-
search*, 34 (4), 441 – 458.

[222] Watts, D. J. , & Strogatz, S. H. (1998). Collective
dynamics of 'small-world' networks. *Nature*, 393 (6684), 440 –
442.

[223] Wei, S. , Zhang, Z. , Ke, G. Y. , & Chen, X. (2019).
The more cooperation, the better? Optimizing enterprise cooperative
strategy in collaborative innovation networks. *Physica A: Statistical
Mechanics and its Applications*, 534, 120810. http: //doi. org/ht-

tps：//doi. org/10. 1016/j. physa. 2019. 04. 046.

［224］Wu，Z. X. ，Xu，X. J. ，Huang，Z. G. ，Wang，S. J. ，& Wang，Y. H. (2006). Evolutionary prisoner's dilemma game with dynamic preferential selection. *Physical Review E*，74 (2)，21107.

［225］Xu，L. ，Ding，R. ，& Wang，L. (2022). How to facilitate knowledge diffusion in collaborative innovation projects by adjusting network density and project roles. *Scientometrics*，1 – 27.

［226］Ye，H. J. ，& Kankanhalli，A. (2020). Value cocreation for service innovation：Examining the relationships between service innovativeness，customer participation，and mobile app performance. *Journal of the Association for Information Systems*，21 (2)，8.

［227］Zhang，H. ，& Xiao，Y. (2020). Customer involvement in big data analytics and its impact on B2B innovation. *Industrial Marketing Management*，86，99 – 108. http：//doi. org/https：//doi. org/10. 1016/j. indmarman. 2019. 02. 020.

［228］Zhang，L. ，Wei，Q. ，Yuan，Y. ，& Li，Y. (2019). Knowledge diffusion simulation of knowledge networks：Based on complex network evolutionary algorithms. *Cluster Computing*，22 (6)，15255 – 15265.

［229］Zhang，L. ，& Chen，W. (2021). How Do Innovation Network Structures Affect Knowledge Sharing? A Simulation Analysis of Complex Networks. *Complexity*，2021，1 – 17. http：//doi.

org/10. 1155/2021/5107630.

［230］Zhao, J. (2022). Coupling Open Innovation: Network Position, Knowledge Integration Ability, and Innovation Performance. *Journal of the Knowledge Economy*, http://doi. org/10. 1007/s13132 - 022 - 00932 - z.

［231］Zhou, K. Z. , & Li, C. B. (2012). How knowledge affects radical innovation: Knowledge base, market knowledge acquisition, and internal knowledge sharing. *Strategic Management Journal*, 33 (9), 1090 - 1102.

［232］Alber M S, Kiskowski M A, Glazier J A and Jiang Y (2003). Oncellular automaton approaches to modeling biological cells. In: Rosenthal J and Gilliam DS (eds). Mathematical Systems-Theory in Biology, Communication, and Finance, IMA Vol. 134, Springer: New York, pp. 1 - 39.

［233］Alpaydin E (2004). Introduction to Machine Learning. MIT Press: Cambridge, M A. Arthur W B, Durlauf S N and Lane D A (eds). (1997). The Economyas an Evolving Complex System II, SFI Studies in the Sciences of Complexity. Addison - Wesley: Reading, M A.

［234］Axelrod R (1997). The Complexity of Cooperation: Agent - Based Models of Competition and Collaboration. Princeton University Press: Princeton, N J.

［235］Axtell R (2000). Why agents? On the varied motivations for agentcomputing in the social sciences. Working Paper 17, Centeron Social and Economic Dynamics, Brookings Institution,

Washington, D C.

[236] Azzedine B et al. (2007). An agent-based and bio-logical inspiredreal-time intrusion detection and security model for computer network operations. Comp Commun 30 (13): 2649 – 2660.

[237] Bagni R, Berchi R and Cariello P (2002). A compari-son of simulation models applied to epidemics. J Artif Soc Social Simul 5 (3), http: //jasss. soc. surrey. ac. uk/5/3/5. html access-ed 30 June 2002.

[238] Bishop C M (2007). Pattern Recognition and Machine Learning. Springer: New York.

[239] Bonabeau E (2001). Agent-based modeling: Methods and techni-ques for simulating human systems. Proc Natl Acad Sci 99 (3): 7280 – 7287.

[240] Carley K M et al. (2006). Biowar: Scalable agent-based model of bioattacks. IEEE Trans Syst Man Cybernet 36 (2): 252 – 265.

[241] Casti J (1997). Would – Be Worlds: How Simulation is Changing the World of Science. Wiley: New York.

[242] Charania A C, Olds J R and De Pasquale D (2006). Sub-orbital Space Tourism Market: Predictions of the Future Market-place Using Agent-based Modeling. Space Works Engineering, Inc. : Atlanta, GA, http: //www. sei. aero/uploads/archive/IAC – 06 – E3. 4. pdf.

[243] Cirillo R et al. (2006). Evaluating the potential impact

of transmission constraints on the operation of a competitive electricity market in illinois. Argonne National Laboratory, Argonne, I L, ANL – 06/16 (report prepared for the Illinois Commerce Commission), April.